夸孩子
我有1000句

雷庭芳 著

台海出版社

图书在版编目（ＣＩＰ）数据

夸孩子我有 1000 句 / 雷庭芳著 . -- 北京 : 台海出
版社 , 2024. 8. -- ISBN 978-7-5168-3962-1

Ⅰ . G78

中国国家版本馆 CIP 数据核字第 2024M9G106 号

夸孩子我有 1000 句

著　　者：雷庭芳	
责任编辑：魏　敏	封面设计：姜　凯

出版发行：台海出版社

地　　址：北京市东城区景山东街 20 号　　　邮政编码：100009

电　　话：010-64041652 （发行，邮购）

传　　真：010-84045799（总编室）

网　　址：www.taimeng.org.cnthcbs/default.htm

E－mail：thcbs@126.com

经　　销：全国各地新华书店

印　　刷：三河市双升印务有限公司

本书如有破损、缺页、装订错误，请与本社联系调换

开　　本：710 毫米 × 1000 毫米		1/16	
字　　数：170 千字		印　　张：10.5	
版　　次：2024 年 8 月第 1 版		印　　次：2024 年 8 月第 1 次印刷	
书　　号：ISBN 978-7-5168-3962-1			
定　　价：59.80 元			

　　心理学家威廉·詹姆斯说:"人性最深层的需要就是渴望得到别人的欣赏和赞美。"赞美代表了一个人对另一个人的认可,它能够给予人进步的动力。尤其是对于孩子来说,父母的夸奖和赞美是他们成长过程中不可或缺的养分。有效的夸奖,可以让孩子变得更好、更优秀。

　　孩子的自信可以夸出来。夸奖能够让孩子感受到自己的努力和成功受到了认可和重视,从而增强他们的自信心。比如,当孩子学游泳,不用游泳圈就下水时,记得夸夸他们勇敢;当孩子学骑车,摔了好多次才成功时,记得夸夸他们努力。在不断地夸奖中,孩子会变得越来越自信,而自信的孩子才有勇气去面对各种困难和挑战,才有底气去实现自己的目标。

　　孩子的内驱力可以夸出来。当孩子有新奇的想法时,父母不妨夸夸他们的创造力;当孩子面对挑战不退缩时,父母不妨夸夸他们的毅力。用夸奖和鼓励给予孩子正面反馈,也是在给孩子的行为赋予积极的意义,这样能够不断提高孩子积极的自我认知,激发他们的内驱力。

　　孩子的自律可以夸出来。孩子的自律能力需要从小培养,而父母的夸奖和表扬是他们保持自律习惯的最大的动力。比如,当孩子自觉完成一项任务时,可以夸夸他们:"宝贝自己做完了这件事,真是个自律的好孩子！"这样的夸奖，不仅肯定了孩子的行为，还能够激发他们的自律意识，让他们在今后的学习和生活中自觉保持正确的习惯。

好孩子是夸出来的，不是骂出来的。父母的正面反馈和评价，更有利于培养孩子好的习惯和品质。

需要注意的是，夸奖孩子不需要等他们做出了什么了不起的事情来，也不需要等他们取得多么巨大的进步。只要孩子做出了一点点正确的行为，甚至只是保持平常状态，没有犯错，父母就可以夸奖他们。夸奖要具体而真实、适度而均衡、真诚而及时，让孩子感受到被认可和被肯定的同时，也能脚踏实地、不自满。这样才能让父母的夸奖真正发挥作用，成为孩子成长道路上的助力。

本书包含生活习惯、学习习惯、精神品质、家庭表现等各方面的夸娃万能模板。1000句表扬语，方方面面不重样，帮助父母正确夸奖孩子，激发孩子的内驱力，夸出孩子的好习惯，让孩子越来越优秀！

每个孩子都有着巨大的潜力，只要父母用心夸奖，他们一定会成为最好的自己。

第一章　生活习惯
——夸出强大的自我管理能力

第二章　学习习惯
——夸出主动自觉的超级学霸

第三章　品质德行
——夸出大方得体有修养的孩子

第六章　爸爸不缺席
——夸出勇于拼搏、敢于挑战的孩子

第一章

生活习惯

——夸出强大的自我管理能力

1 赖床叫不醒
——孩子主动起床怎么夸

家有"起床困难户"，每天早上都要上演一场"战争"：一边是父母着急的大声催促，一边是孩子对床的恋恋不舍。

妈妈已经喊了齐齐三遍："你怎么还睡呢？上学就要迟到了，快点起来！"

齐齐却还赖在床上，连衣服都没穿。

上学就要迟到了，快点起来！

🔍 场景解析

为了叫孩子起床，有些父母会用拍打、摇晃孩子身体的粗暴方式，让孩子从睡梦中醒来；有些父母会用"唠叨式"的叫醒方式，隔一会儿就喊一遍；有些父母会用制造噪声的方式吵醒孩子，间接地让孩子睡不下去……

简单粗暴的叫醒方式确实立竿见影，但是孩子在睡眠状态下，突然遭受外界的刺激而惊醒，可能会受到惊吓。这样惊醒的次数多了，孩子容易变得敏感，也会对起床这件事情产生恐惧，甚至还可能会影响到他们下一次的睡眠质量。

而且，正常情况下，孩子从睡眠状态中彻底清醒过来，需要10分钟左右的时间。如果父母完全不给孩子的清醒一个缓冲的时间，频繁打断孩子醒来的节奏，那么，即使孩子起床了，也可能会影响到他一天的精神状态。

错误的叫醒方式会对孩子的身体和精神造成负面影响，所以，如果发现孩子有赖床的情况，父母一定要采用温和的方式去叫醒孩子，避免让起床成为孩子的心理阴影。

父母要仔细观察孩子的日常表现，把寻找进步和夸奖孩子作为切入点。夸奖和鼓励不仅能让孩子感受到自己的行为得到了认可，还能激发他们的自律意识。而且通过对孩子进步的夸奖，能够让孩子知道，通过努力，他们可以做得比从前更好。

夸奖能够提高孩子早起的动力。当他们慢慢不再排斥起床这件事情后，我们便能逐渐地让早起成为孩子的习惯。

那么，父母该如何通过夸奖培养孩子主动起床的好习惯呢？

👍 专家教你这样夸

当闹钟一响孩子就起床时，这样夸：

1. 你真是个守时的好孩子，今天准时起床了。

2. 你的时间管理做得真好，非常了不起。

3. 谢谢你遵守我们的约定，早晨闹钟一响就准时起床。

4. 哇，闹钟一响就起床，你真自律，我都有点佩服你了！

5. 早晨妈妈还没喊你起床，你就醒了。你是怎么做到这么准时的？

6. 你每天都能准时起床，真是太厉害了！

7. 你的自律能力真是让人佩服，闹钟一响就能立刻起床。

8. 今天宝贝按时起床了，表现很好，值得表扬。

9. 妈妈发现你比昨天早起了 5 分钟，都不用催了。

当孩子起床、洗漱、穿衣的速度比之前快时，这样夸：

10. 今天早上，你只用了 5 分钟就穿好衣服下床了。这就叫效率！

11. 昨天你穿衣服用了 25 分钟，今天用了 20 分钟，速度越来越快了，真棒。

12. 今天你用 15 分钟就吃完早饭了，宝贝进步好大呀。

13. 这么快就穿好衣服了，你是怎么做到速度这么快的？

14. 这么快就吃完早饭，穿好衣服了？那等会儿妈妈吧。

15. 今天你只用 10 分钟就穿好衣服、洗脸刷牙和收拾房间，真快啊！

16. 你起床的速度比爸爸可快多了，值得表扬。

17. 你今天给妈妈省了好多时间，妈妈要谢谢你。

当孩子起床后从容不迫地做好该做的事情时，这样夸：

18. 你今天主动刷牙了，而且刷得很认真，已经是独立自主的小可爱了。

19. 谢谢宝贝听妈妈的建议，昨天晚上就把要穿的衣服准备好放在床边了。

20. 你今天没有着急忙慌地赶时间，把事情都安排得很好，妈妈为你骄傲。

21. 你真棒！自己的事情都做好了，还不让妈妈劳累，真是乖宝贝。

22. 你今天在 7 点 30 分准时出门了，时间控制得非常精准，妈妈很佩服你。

23. 你今天起床后，把被子叠得这么整齐，真不错！

24. 你的准备都做好了吗？太好了，那咱们现在就可以出门了。

25. 妈妈没有催你，你就能把自己的事情做好，妈妈特别开心。

26. 你不慌不忙就把该干的事情都干完了，真是太好啦。

2 丢三落四
——孩子学会自我检查怎么夸

很多孩子都有丢三落四的习惯，父母只好跟在后面不断提醒，并帮孩子收拾残局。

乐乐早上到学校一翻书包，发现作业忘记带了，只好请老师联系妈妈给送过来。

上美术课时，他又发现彩笔忘记带了，只好借同桌的用一下。

……

场景解析

孩子很难在同一时间关注许多件事，常常记住了这件事就忘记了那件事，因为他们尚不具备有效地分配注意力的能力。如果一下子给孩子安排太多事情，他们就难免有所遗漏。

孩子有这样丢三落四的习惯，并不一定是由于他们的记忆力差。尤其是他们因这种习惯而丢失东西的情况，可能是因为他们对金钱没有概念，不了解丢失物品的价值，不懂得珍惜。另外，如果在孩子丢了东西之后，父母就立刻重新给他们买一个，也会让孩子产生"随时都能重新拥有"的错觉，从而不懂得珍惜。

更多的父母则会在孩子丢东西时说："你刚才怎么不好好检查呢？"埋怨的语气让孩子感受到的是被批评和被指责。如果说得多了，孩子就会出现逆反心理，更加抵触改正坏习惯。

为了避免孩子总是丢三落四，有些父母会事事都替孩子考虑周全。但是这样一来，孩子就会觉得，反正有父母帮自己考虑，自己落下了东西也没关系。这容易让他们形成依赖性，养成马虎、不细心的习惯。

父母应该用鼓励和夸奖的方式，让孩子改正丢三落四的习惯，比如当孩子某一次或某一阶段的表现有所进步时，父母不妨大方地给予夸赞。当孩子自己认为自己某件事做对了，并从中获得了积极的体验，他们就会继续保持这种行为，慢慢地养成好的习惯。

那么，父母该如何通过夸奖培养孩子自我检查的好习惯呢？

专家教你这样夸

当孩子丢三落四的频率降低时，这样夸：

27. 能够将自己的东西保护得越来越好，你真的特别厉害。

28. 你最近表现得非常好，都不再丢东西了，妈妈非常为你骄傲。

29. 谢谢你听妈妈的话，能好好珍惜自己的东西，妈妈非常开心。

30. 宝贝，上次妈妈送给你的东西还在，谢谢你没有弄丢它。

31. 我们上次出门时，你一件东西都没有落下，进步真大！

32. 你的表现让我很惊喜，真是大改变，越来越细心了。

33. 你最近不再那么丢三落四，说明你越来越成熟了。

34. 我很高兴，你懂得为自己负责，对自己的事情越来越上心了。

35. 你已经做得很好了，希望你继续保持这种状态。

当孩子将自己的物品做上记号，或整理得很有条理时，这样夸：

36. 妈妈发现你把常用的东西都放在了一个固定的地方，用完就放回原位，这样非常有条理。

37. 你听了妈妈的话，把自己的东西都做上了记号，妈妈太开心了。

38. 哇，这是你自己做好的分类和记号吗？我的宝贝太厉害了。

39. 你把明天出门要带的东西列了清单，免得忘记，真是聪明的小宝贝！

40. 宝贝你实在是太懂事了，整理自己的东西都没有让爸爸妈妈帮忙。

41. 你的东西上面都做了标记，不会丢了，这太好了。

42. 你能想出给书做记号的方法，真是太棒了。

43. 妈妈没教你，你就想出做记号的方法，妈妈感到很骄傲。

44. 你能告诉妈妈，你是怎么把东西整理得这么有条理的吗？

当孩子学会自我检查是否遗漏了物品时，这样夸：

45. 宝贝，今天出门前我看到你检查了书包，你怎么这么细心啊？

46. 你记得在离开一个地方之前检查自己带来的东西忘没忘，做得真棒！

47. 宝贝，你进步真不小，都学会自己检查书包了。

48. 宝贝已经会检查是不是落下东西了，掌声送给最棒的你。

49. 妈妈刚才看见你检查了自己的书包，你做得很好。

50. 你每天都检查自己的东西，让妈妈省心多了。

51. 你已经是一个细心负责的好孩子了，我为你感到自豪。

52. 这个学期你都没有忘带东西，给妈妈省了好多事。

53. 出门前要不是你检查出没带水壶，妈妈肯定又得跑回去拿，谢谢宝贝。

3 不爱做家务
——孩子主动帮忙做家务怎么夸

场景再现

父母在忙碌的间隙让孩子帮忙做些家务，但喊了好几遍，孩子依然纹丝不动。就算是被迫去干，他们也是不情不愿。

妈妈忙着收拾餐桌，对小米说："你把桌子擦擦吧。"

小米："……"

妈妈："我跟你说话，你没听见吗？"

小米："听见了，我等会儿擦。"

场景解析

有的孩子在幼儿时期很喜欢帮父母做些倒垃圾、取快递的事情，尽管年纪很小，但是干劲十足。可是长大一点后，孩子能做的家务变多了，却不愿意再做了。

这与父母没有让孩子养成主动做家务的习惯有关。有的父母因为担心做家务会耽误孩子的学习而拒绝他们，但事实上，有研究表明，做家务非但不会耽误孩子的功课，反而能让大脑得以休息，对孩子的学习更有益。

有的父母在孩子小时候主动提出做家务时，总是对孩子说："算了，还是我来吧，你做不了。"他们觉得孩子的年龄太小，在一旁会帮倒忙。

父母的过多替代，减少了孩子做家务的机会，也会让孩子认为，家务就是父母来做的，与自己丝毫没有关系。这样一来他们就难以意识到，做家务是每个家庭成员都应承担的责任。

这些都可能让孩子长大后不喜欢做家务。这时，有些父母就会强硬地命令孩子做家务，或是指责孩子长大了也不知道分担自己的责任。这样也许能让孩子当下做些家务，可是却很难让他们形成主动性，还可能会引发他们的逆反心理，让他们越发排斥做家务这件事。

当孩子不喜欢做家务时，父母不妨试试用鼓励和夸奖的方式，让孩子从做家务中感到被认可和被肯定，从而调动孩子的积极性，让他们养成主动做家务的习惯。比如，父母可以向孩子"示弱"，并表达"崇拜"，用请求他们帮忙或检查的理由，让他们从力所能及的简单的劳动做起，然后再适时地对孩子的劳动表示赞赏。

那么，父母该如何通过夸奖培养孩子主动帮忙做家务的好习惯呢？

专家教你这样夸

当孩子做家务做得不好时，这样夸：

54. 你真是一个好孩子，就像一个小大人一样，爸爸妈妈好高兴！

55. 做家务的你，简直在闪闪发光！

56. 你洗碗的样子真的很可爱，每次看到你这么认真，我都觉得非常开心。

57. 你是我们的小榜样和家里的勤劳的小助手。

58. 孩子，你做家务的样子简直太帅了！

59. 你现在会做很多的家务活儿了，感谢你为这个家的付出。

60. 家务都是慢慢学会做的，你愿意做就很好。

61. 不管做得好不好，妈妈都要感谢你有这份心意。

62. 我儿子终于长大了，知道做家务了。

当孩子做家务做得好时，这样夸：

63. 你的努力让家里变得更整洁了，赞一个！

64. 我们家的小天使真的长大了，家务竟然做得如此出色！

65. 你洗碗时好细心啊，每个碗都擦拭得非常干净，好厉害！

66. 太感谢宝贝了，因为你的这份劳动，我们的家变得更加温馨和整洁了。

67. 你今天洗衣服的时候，不仅分类清晰，还注意了不同材质的护理，真是个细心的孩子。

68. 宝贝，你做的这些家务，对咱们家的贡献远比你想象的大，谢谢你的付出。

69. 看这地擦得多干净啊，妈妈看着特别舒服。

70. 咱家被你一收拾，立刻整洁了不少，你真是个做家务的小能手。

71. 我发现你洗的衣服特别干净，比洗衣机洗的都干净。

72. 这么多东西你一下就收拾好了，做得真不错。

当孩子主动帮忙时，这样夸：

73. 在家里，你主动帮忙做家务，很有家庭责任感。

74. 哇，你帮妈妈把碗洗得这么干净啊，太感谢你了。

75. 你怎么做家务又快又干净啊，比爸爸妈妈还棒！

76. 爸爸妈妈再也不担心做不好家务了，因为有我的宝贝帮忙啊。

77. 你主动提出帮助准备晚餐，太让妈妈骄傲了。有你的参与，晚餐更加美味了。

78. 你能主动和我一起把玩具收纳整理好，谢谢你的帮助。

79. 刚才妈妈做饭时，你在旁边帮我打下手，真是妈妈的好帮手。

80. 你能有意识地帮我们做家务，爸爸特别高兴。

81. 爸爸妈妈有了你的帮忙，感觉轻松了不少。

4 爱吃零食
——孩子好好吃饭怎么夸

一些孩子特别爱吃零食，可是零食这种东西，不仅里面的添加剂让人忧心，而且会耽误孩子正常进餐。

快到饭点了，小宁却抱着一大包薯片大快朵颐。妈妈收走了他的薯片，把饭菜端上桌。

妈妈说："这是你最爱吃的虾仁炒蛋。"

小宁摇摇头说："妈妈，我不饿。"

别吃零食了，马上要吃饭了。

妈妈，我再吃一片。

14

🔍 场景解析

对于很多父母来说，每次让孩子吃饭就好像上了战场一样：好声好气地哄着，他爱答不理；大声吼几句，他哭的声音比你吼的声音还大。父母用尽办法，也难以让孩子好好吃进半碗饭。

这时，有些父母就会感叹："唉！孩子吃得这么少，可怎么办啊？"然后为了不让孩子饿肚子，就在家里准备好多孩子喜欢的零食。

但是这样的行为会养成孩子好吃零食和挑食的坏习惯，影响孩子的身体健康。孩子的生长发育需要充足的营养，可是孩子吃多了零食，饭菜就吃不下了，摄入的营养成分就非常单一，长期下去，可能会导致孩子生长发育迟缓。而且零食的热量通常较高，孩子吃多了，可能会引起肥胖、高血压、高血糖等疾病。

有的父母深知其危害，所以为了孩子的健康，甚至下定决心清空了家里的零食，哪怕孩子不到饭点时喊饿，也想强硬地饿孩子一会儿。只是，这样通常会导致孩子大声哭闹，而父母往往就会败下阵来。

其实，想要让孩子养成好好吃饭的习惯，父母完全可以用正向强化的方式，激励他们保持良好的饮食习惯。也就是一旦孩子拥有一点积极吃饭的表现，父母就及时地给予夸奖和表扬，用正面反馈强化孩子的正确行为，增强他们的积极性。

那么，父母该如何通过夸奖培养孩子好好吃饭的好习惯呢？

👍 专家教你这样夸

当孩子吃饭积极了一点时，这样夸：

82. 哎呀，宝贝这几天吃饭可太棒啦，比其他小朋友都厉害呢。

83. 谁家宝贝吃饭这么棒啊？哦，是我家的宝贝，妈妈太骄傲了。

84. 你今天吃饭没有乱跑，进步很大。

85. 你今天的进餐态度非常值得称赞！

86. 看到你吃得这么开心，妈妈的心情也会变得特别愉快和满足，感觉好幸福呀！谢谢宝贝。

87. 你吃饭真是太棒了，每一口都吃得这么认真，爸爸妈妈感到非常开心和高兴。

88. 宝宝今天能乖乖吃饭了，肯定能像哥哥一样变高变壮。

89. 妈妈发现你今天不挑食，都不用我给你夹菜，自己能好好吃饭了。

90. 鉴于你最近吃饭的表现不错，妈妈明天做你爱吃的排骨。

当孩子在吃饭时表现出良好的用餐礼仪时，这样夸：

91. 你今天吃饭不仅吃得好，还主动帮忙收拾了餐桌，真是个懂事的孩子。

92. 你今天把碗里的米饭和菜都吃得很干净，没有剩饭剩菜，这是很好的饮食习惯，继续保持哦。

93. 你吃饭的速度适中，没有太快也没有太慢，也太有分寸了吧。

94. 你吃饭时没有把食物掉在桌子上或地上，这是很有素质的表现哦。

95. 今天宝贝表现得非常棒！吃饭的时候很安静。

96. 吃完饭你知道用餐巾纸擦嘴，是个爱干净的小朋友。

97. 你能坐在自己位置上吃饭，不掉饭粒，不吵不闹，真的非常好。

98. 吃完以后，你把筷子轻轻在桌上放好，这样很正确。

99. 吃饱后知道和妈妈打招呼以后再下桌，你很懂礼貌。

当孩子把饭吃光了时，这样夸：

100. 你把饭都吃光了，手也擦干净了，越来越会照顾自己了。来，咱们击个掌！

101. 宝贝真能干，是个"干饭"小能手！

102. 你把饭吃得一粒不剩，真是个珍惜食物的乖宝宝。

103. 你真是个好孩子，不浪费食物，让妈妈非常放心。

104. 你吃饭吃得又快又好，给你点个大大的赞。

105. 你怎么能这么棒！把蔬菜和肉都吃得一点儿不剩，完全没有挑食。

106. 你这个"干饭"机器人，今天的工作完成得不错，都吃光了哦。

107. 看来你很喜欢妈妈做的饭是不是？妈妈特别高兴。

108. 谢谢你这么捧场，把饭菜都吃光了，爸爸很有成就感。

109. 掌声送给你这个节约粮食的好孩子。

5 房间乱糟糟
——孩子整理书桌、床铺怎么夸

孩子的房间总是乱糟糟，让他自己收拾，他就是不动。

小凯房间里的地板上到处都是脱下来的袜子，沙发上乱丢着睡衣，书桌上的书本放得乱糟糟，零食四处散落……

妈妈让他把房间收拾收拾，他却说："没事，乱一点也没关系。"

◌ 场景解析

在看到孩子将房间搞得乱糟糟时，有些父母会忍不住地训斥孩子几句，甚至说出一些过激的话："你看你这房间是人住的吗？简直比猪窝还乱！"

可是这些话不仅不能让孩子拥有主动收拾房间的意识，还会引起孩子的反感，让他们认为父母过于唠叨或要求过多，越被说越不想做。

有心理学家说："孩子不爱整理房间，说明他们还没有摆脱幼时对父母的依赖，认为肯定会有人替自己打扫，帮自己解决问题。"

很多父母从孩子小时候开始，就把孩子该自己做的事情全盘接手。比如在孩子乱扔玩具时，父母每次都帮孩子把它们放回原位，却没有尝试过让孩子自己将东西放回去。

这样一来，等孩子长大后，他们自然缺少了自主收拾东西的意识和能力。如果笼统地和孩子说"把东西收拾好"，孩子可能会看着乱糟糟的房间而无从下手，进而感到挫败，更加排斥整理房间这件事。

父母可以将孩子整理房间这件事情进行分解，比如，不强硬地要求他们收拾整个房间后再给予认可，而是当他们做出整理房间的行动后，包括收拾了一下桌子、挂起了一件衣服等，就立刻给予夸奖和鼓励，以提高孩子做事的积极性，让他们有动力一直坚持下去。

那么，父母该如何通过夸奖培养孩子整理房间的好习惯呢？

◖ 专家教你这样夸

当孩子主动整理房间但效果不好时，这样夸：

110. 妈妈很高兴看到你能够认真整理自己的东西，这是一个很好的习惯。

111. 妈妈看到你主动整理书桌和打扫地面了，真的很了不起哦。

112. 妈妈发现你进步了好多啊，都开始自己主动整理房间了。你真的是长大了呀，妈妈很开心。

113. 哇，你是在自己收拾房间吗？真是个勤劳的好孩子！妈妈太骄傲了。

114. 妈妈非常感激你花时间整理房间，这样会让我们的家变得更舒适温馨。

115. 这次没收拾好不要紧，下次肯定能收拾得很好。

116. 妈妈可以教你怎么把房间收拾整齐，你想不想学？

117. 我觉得你在收纳整理方面很有潜力，我看好你哦。

118. 只要你用心学，一定能比妈妈做得更好。

当孩子某次将房间、床铺等整理得很好时，这样夸：

119. 你做得非常好，房间看起来整洁干净多了。

120. 你的努力得到了回报，房间变得非常整洁哦。

121. 你收拾房间的方式可真好，房间一下子变得宽敞多了，能不能教教妈妈呀？

122. 看到你把所有的东西都归位放好了，妈妈真的非常欣慰。

123. 你把书桌收拾得很好，房间打扫得也很干净整洁，东西都摆放整齐了。宝贝非常棒，妈妈为你感到骄傲。

124. 你的房间怎么变得这么宽敞啊？原来是你整理的好啊，宝贝真棒！

125. 我决定以后让你做咱家专职的"收纳师"了。

126. 咱们家以后的收纳工作就交给你了。

127. 妈妈很喜欢你收拾玩具的样子，家里越来越整洁了。

当孩子保持好房间整洁时，这样夸：

128. 宝贝，你真的非常有条理，房间一直都这么整洁。

129. 房间的干净整洁不仅仅是为了美观，还提高了生活质量，谢谢宝贝一直认真坚持做这件事情。

130. 宝贝，你的房间一直这么整洁，妈妈都自愧不如了。

131. 你将房间收拾得真不错，再接再厉，妈妈也要向你学习才行。

132. 你竟然能一直都将房间保持得这么整洁，你知道自己有多厉害吗？妈妈太爱你了。

133. 自从上次收拾以后过去五天了，你房间还是这么整洁，真了不起。

134. 你是怎么把房间保持这么干净的？

135. 我觉得你不仅能整理好房间，还能保持得很好，这很难得。

136. 现在咱家数你的房间最整洁，我们要向你学习。

6 说脏话
——孩子说话文明有礼怎么夸

有些孩子出现了说脏话的现象，父母除了生气和打骂也没有别的方法。

妈妈让文文去洗手，文文不肯去，还大声说："臭妈妈，讨厌你！"甚至还带脏字，骂骂咧咧。

妈妈很生气，作势要打他。

你说什么？！
敢再说一遍看
我不打你！

臭妈妈！

场景解析

孩子说脏话分为好几个阶段，所处的阶段不同说脏话的原因也不同。

孩子三四岁时会经历一个"诅咒（脏话）敏感期"，这个时期的孩子，说脏话的本意并不带有辱骂的性质，一是单纯地觉得好玩、有趣；二是他们想通过这种语言来发泄心中的情绪，或引起父母的注意。

孩子大一点后说脏话，很大一部分原因是模仿身边的人或影视剧里的人物说话。如果父母经常在孩子面前说脏话，或给孩子看的影片中常常有说脏话的场景，那么孩子就很容易去模仿，形成说脏话的习惯，甚至把说脏话认为是一种"酷"的表现。

有些父母听到孩子说脏话，可能会非常恼火地用强硬、尖锐的语言教训孩子，但这样，孩子可能反而会觉得说脏话能够引起父母激烈的情绪，然后以此作为吸引父母注意或对抗父母的武器。这就变相地强化了孩子说脏话的行为。

父母发现孩子有说脏话的表现时，不要急着批评孩子，可以在孩子表现出文明礼貌时，给予他表扬，让孩子知道文明的行为才能获得认可。当孩子从表扬中获得成就感，他们就会逐渐强化被表扬的行为，并形成习惯。

那么，父母该如何通过夸奖培养孩子说话文明有礼的好习惯呢？

专家教你这样夸

当孩子与同学、朋友说话文明时，这样夸：

137. 妈妈发现你和小朋友一起分享玩具和图书时，说了"请"和"谢谢"，你真是一个讲文明又有礼貌的孩子。

138. 妈妈看见和你一起玩的小朋友有人说脏话，但是你阻止了他，宝贝真棒。

139. 看到你和朋友吵架，哪怕非常生气也没有用言语中伤对方，妈妈非常欣慰。我家宝贝是最文明、最有素质的孩子。

140. 妈妈知道周围很多人都在说脏话，而你坚持住不说，这很难，但是你没有放弃，并且做到了，不是吗？你真的很厉害呀！

141. 宝贝，你不知道你的文明有礼是多么珍贵，在这一点上，妈妈永远为你骄傲。

142. 我的宝贝和人说话文明有礼，难怪有这么多好朋友。

143. 我发现你和同学说话态度很友好，大家都喜欢和你一起玩。

144. 你生气时也没有骂人，很有涵养。

145. 我希望你能一直这样说话有礼貌，以后肯定会有更多人喜欢你。

当孩子与老师、长辈说话得体时，这样夸：

146. 你对长辈说话时，没有直呼其名，都使用了合适的敬语和称呼，做得非常好。

147. 孝敬长辈是美德，而你已经成为难得的典范了。

148. 每次看着你和长辈说话礼貌又得体时，妈妈都感到非常欣慰。

149. 谢谢宝贝对长辈那么有礼貌，这让爸爸妈妈觉得无比的骄傲和自豪。

150. 你真的是太棒了！在长辈面前说话非常得体，表现得非常好。

151. 班主任刚才和我表扬你了，说你对老师们都很有礼貌。

152. 你在路上主动和老师打招呼，妈妈为你点个赞。

153. 你舅舅、舅妈特别喜欢你去他们家，因为你很有礼貌。

154. 爷爷说你是这几个孙辈里面说话最得体的孩子。

155. 面对长辈，你说话很恭敬，这一点值得你妹妹学习。

当孩子与陌生人说话有礼貌时，这样夸：

156. 宝贝，你让别人帮忙时说了"谢谢"，表现得非常得体，妈妈真为你骄傲。

157. 看到你每次都对外卖员说"谢谢"，妈妈感到非常高兴。

158. 面对陌生人，你说话依然很有礼貌，宝贝怎么这么棒！

159. 你是个懂礼貌、讲文明的好孩子，值得妈妈表扬！

160. 你出去玩和陌生人交流时，嘴上一直说"请""您好""对不起""没关系"这些礼貌用语，妈妈很欣慰。

161. 碰到新搬来的邻居，你能很自然地打招呼，这就叫有礼貌。

162. 咱们出去玩时，你跟人家说话很有礼貌，妈妈觉得很有面子。

163. 刚才那个阿姨一直和我夸你，说你和她说话很有礼貌。

164. 告诉妈妈，你是怎么做到和人家说话那么有礼貌的呢？

165. 你和人说话总是很有礼貌，爸爸要表扬你。

爱撒谎
——孩子说了真话怎么夸

为了免受惩罚，孩子会通过撒谎掩饰自己的错误，甚至把责任推给别人。

坤坤不小心把喝水的杯子碰到地上，摔破了。

但坤坤担心妈妈批评她，就撒谎说是小狗不小心把杯子碰到了地上。

🔍 场景解析

很多父母会遇到相似的情况，并为此感到困扰。实际上，撒谎是孩子在成长过程中的一个必然经历，有些时候不必过于担忧。

孩子说谎大概分为两种：一种是无意识的，一种是有意识的。无意识的说谎，源于孩子的错觉和想象。他们的想象力异常丰富，但还无法完全将想象与现实区分，可能自己都意识不到自己在说谎。

比如，他们会和朋友说："我和圣诞老人成了朋友。"对于这种"谎言"，父母无须严厉地纠正孩子，否则，可能会扼杀孩子的想象力。

而有意识的说谎，与成人的说谎情况很像。这时，孩子已经能够区分幻想与现实，他们多数是为了自己的利益或者出于自我保护，为避免遭受惩罚而说谎。对于这样的情况，父母就不能再表现出视而不见的态度了。

但是，如果父母一发现孩子撒谎，就立刻指责甚至是打骂孩子，可能会给孩子的内心造成伤害，让孩子更不愿意在犯错后说出实情。

孩子犯错时，他们的内心往往非常不安，如果主动承认错误后受到了责骂，他们就会越发排斥如实相告这件事。所以，当孩子表现出一点点诚实的行为时，父母一定要第一时间给予正向回馈，让孩子从中得到肯定和鼓励。这种正向激励，可以帮助孩子逐渐强化说真话的行为，并让他们有动力坚持下去。

那么，父母该如何通过夸奖培养孩子说真话的好习惯呢？

👍 专家教你这样夸

当孩子承认错误时，这样夸：

166. 宝贝，你虽然犯了错，但是你勇敢地承认了错误，妈妈仍要为你的勇气表扬你。

167. 犯错不可怕，可怕的是不知道悔改，你敢于认错，就是一个好孩子。

168. 你能主动认错，并且非常清楚地分析了你为什么会犯错误，还反思了自己当时的想法，妈妈特别感动。

169. 宝贝，你很勇敢，能够勇于承认错误，这是一个很好的品质。

170. 宝贝，你很诚实，能够承认错误，这就是最大的进步。

171. 知错能改就是好孩子，妈妈很开心你能够做到这一点。

172. 你能主动坦白打碎了杯子，妈妈很欣慰。

173. 我决定这次不惩罚你了，因为你主动承认了自己的错误。

174. 爸爸小时候也没你这么勇敢，敢于承认错误，爸爸很佩服你。

当孩子不撒谎骗人时，这样夸：

175. 宝贝，你已经获得了成长道路上最宝贵的财富，就是诚实，妈妈为你感到高兴。

176. 你的诚实让你在所有人心中留下了深刻的印象，妈妈为此感到欣喜。

177. 宝贝，你真诚坦率的个性，胜过世间一切宝物。

178. 宝贝，诚实让你整个人都散发着光芒。

179. 你的诚实是一种美好的能量，让爸爸妈妈深感欣慰和骄傲。

180. 你的诚实让你成了一个值得信赖的人。

181. 你从来不撒谎，这一点非常难得，值得大家学习。

182. 同学都说你从来不吹牛、不骗人，他们都很喜欢你。

183. 你的朋友跟你在一起会很放心，因为你从来不会欺骗他们。

当孩子为人守信时，这样夸：

184. 宝贝，你知道吗？你的朋友们都非常尊重和信任你，因为你讲诚信。

185. 你为人正直守信，这样的品质会让你走得更远，妈妈为你骄傲。

186. 你认真履行对朋友的承诺时，好像整个人都在发着光，真的太帅了！

187. 我的宝贝，你说出口的话从不食言，每一个言行都让人感到安心，我们都非常信任你。

188. 宝贝，在你身上我看到了真诚的良好品质，也为你的成长感到骄傲。

189. 你看完半小时的动画片，就自觉把电视关了，真是遵守约定。

190. 你知道自己为什么受欢迎吗？因为你总是遵守诺言。

191. 昨天你和小明说要去找他玩，今天果然说到做到了。

192. 说好几点到学校，你就几点到，从来不会迟到，我特别佩服。

第二章

学习习惯

——夸出主动自觉的超级学霸

不写作业
——孩子自觉写作业怎么夸

场景再现

孩子放学一回家，左看看右转转，找很多事情做，就是不到最后一刻绝不写作业。

小天觉得老师留的作业太多了，一点也不想写。放学后，他看了一会儿动画片，吃了晚饭，又开始玩玩具。结果8点了，小天的作业还没写，妈妈已经忍不住要发火了。

31

场景解析

孩子不愿意写作业，与他们生理和心理的发展有关。孩子的注意力、自控力等仍处在发展阶段，这让他们很难长时间地集中精力完成某项任务。而且与大人相比，孩子更关注当下的感受和即时的奖励，他们很难理解写作业这件事的重要性。

父母的教育方式，也会对孩子写作业的态度有所影响。如果父母在辅导孩子写作业时，总是表现出过度的焦虑和缺乏耐心，孩子可能会对写作业产生抵触的情绪。

有些父母总是在孩子一放学回家时，就立刻督促他们完成作业，但是孩子写作业的态度往往并不会因此变得积极，作业的完成度也不会因此变得高效。

这可能并不是因为孩子本身不想写作业，只是因为他们厌烦父母的催促，并以拖延来表达自己的反抗而已。

曾有调查显示，孩子放学回家后最不喜欢听到的话就是"快去写作业"。这会让孩子觉得，比起自己，父母更关心作业。而且父母的反复催促，会让孩子将"完成作业"的结果，看得比"从作业中巩固知识"更重要，这就可能让他们对作业敷衍了事，难以从作业中学到知识、取得收获。

要克服孩子不愿意写作业的问题，父母就要及时给予孩子积极的反馈和鼓励，以增强他们学习的动力。

当孩子写作业的态度或完成作业的情况有所进步时，父母的夸奖和表扬会让他们感受到自己的价值，从而更愿意投入学习当中。

那么，父母该如何通过夸奖培养孩子自觉写作业的好习惯呢？

👍 专家教你这样夸

当孩子回家自觉写作业时，这样夸：

193. 你真是一个勤奋且自律的孩子，主动完成了作业，非常值得表扬。

194. 哇，宝贝主动完成了作业，太自律了！

195. 是谁那么棒，认真又有毅力，主动完成了作业？是我的宝贝呀。

196. 你能够自觉地完成作业，就说明你是一个有责任心、有担当的孩子，妈妈为你自豪。

197. 点名表扬我的大宝贝，自觉完成了作业，我的宝贝真棒。

198. 你一到家就自觉写作业，我都有点佩服你了。

199. 爸妈不在家，你还是一回家就写作业，你真的很自律。

200. 妈妈发现你今天写作业时，先把学习用品和书准备好，然后才开始做的。这就叫做事有条理！

201. 爸爸妈妈从来不担心你写作业的事，因为你很自觉。

当孩子能自己定好写作业的时间时，这样夸：

202. 你能自己定好写作业的时间，说明你能够规划好自己的学习时间。

203. 希望你能按照你说的时间，每天按时完成作业。

204. 如果你想每天晚上回到家以后，先休息半小时再写作业，我们就尊重你的决定。

205. 爸爸妈妈决定把写作业的时间交给你自己决定，希望你能够学会自我管理。

206. 你能把写作业的时间安排好，妈妈觉得你肯定能管理好自己的时间。

207. 你已经是大孩子了，能自己决定写作业的时间，爸爸妈妈很放心。

208. 你说每天晚上 7 点开始写作业，妈妈相信你一定能做到。

209. 你定好的事情从来不需要我们提醒，我想写作业也是一样的。

210. 看到你主动定下写作业的时间，我们很开心，希望你能坚持下去。

当孩子能严格遵守写作业的规定时间时，这样夸：

211. 到了定好的时间，你就能乖乖去写作业，妈妈很放心。

212. 你每天回家就按规定好的时间主动写作业，妈妈终于放下心了。

213. 每天晚上 7 点开始写作业，你每次都能严格遵守，妈妈特别开心。

214. 每天都能按约定的时间去写作业，你对于学习真的很认真。

215. 我们当初还以为你做不到，没想到你能说到做到，真是让我们刮目相看。

216. 我发现你今天做作业只用了一个小时，这就叫高效的时间管理！

217. 你不但定好了写作业的时间，还做了一张计划表，真棒啊。

218. 7 点一到你就自觉地去写作业了，真是太好了。

书写潦草
——孩子练字进步很大怎么夸

　　一些孩子写作业字迹潦草不堪，别说让其他人辨认，可能连他自己都难以认清。

　　球球的作业本上一眼望去全是潦草的字迹，仿佛每个字都是随便画了几下，仔细看看又好像是完整的字。

　　妈妈指着其中一个字问他："这是什么字？"

　　球球挠挠头，说不认得。

来，你告诉我上面写的是什么字？

我也不认得了……

35

🔍 场景解析

孩子字迹潦草，书写不认真的原因有很多种。有些孩子的控笔能力较弱，他们想要认真写好，但是始终无法做到老师要求的横平竖直，也跟不上学校的学习进度，就会逐渐丧失信心，最后索性也不好好写了。

而有的孩子在书法班里可能写得很好，但到了学校和家里就写得潦草了，这就说明他们不是不能写好字，只是因为追求速度而忽视了质量。

有些父母总会不断地催促孩子快点写作业，加重了孩子对完成作业的速度的在乎程度，孩子自然也就不是那么在意字迹是否工整了。

如果父母因为孩子作业的字迹过于潦草而发火，甚至做出将孩子的作业本撕掉这样的过激行为，孩子反而会越发反感写字这件事。

在让孩子练字时，父母不如和孩子说："只要你每次都能取得进步就行。"让孩子和自己比，孩子会觉得更容易实现，也就对练字这件事更有信心了。在孩子练字过程中，要及时发现孩子的进步和优点，给予孩子正面的夸奖和鼓励。这样可以增强孩子的自信心，激发他们练字的积极性和动力。

那么，父母该如何通过夸奖培养孩子书写工整的好习惯呢？

👍 专家教你这样夸

当孩子认真练字时，这样夸：

219. 宝贝真厉害，你能一直坚持练字，就说明你已经拥有了很强的毅力。

220. 看到你以这种热情勤奋练字，妈妈相信你一定能写一手好字。

221. 表扬我家坚持认真练字的宝贝！

222. 你认真的样子真可爱，加油宝贝，未来可期！

223. 功夫不负有心人，认真的你一定会有收获的，加油哦。

224. 谁都不是天生就能写好字的，慢慢来，妈妈知道你一定能坚持下去，那时你会取得巨大的进步。

225. 我注意到你写字一笔一画很仔细，这个习惯很好。

226. 你写字这么认真，用不了多久字就写得比我好啦。

227. 妈妈特别喜欢看你写字的样子，特别帅。

当孩子练字后收效甚微时，这样夸：

228. 妈妈发现你尝试了好几种方法去调整这个字，每一次都比上次更好。

229. 宝贝已经很努力了，现在也已经找到了失误的原因。

230. 我的宝贝是个有心的孩子，非常有潜力，大胆继续练吧！

231. 你这次写的字比起以前有很大进步，努力没有白费。

232. 妈妈看到了你的努力和进步，知道你有非常大的进步空间。

233. 你这次写的字进步不小，妈妈为你骄傲。

234. 妈妈希望你把努力的劲头保持下去，继续加油！

235. 你这么努力练字，很了不起，离成功越来越近了。

236. 妈妈希望你继续练习，一定会有更大的惊喜等着你。

当孩子练字后收效甚好时，这样夸：

237. 这次的进步太大了，让妈妈惊艳，聪明又努力的你就是最棒的。

238. 你这次作业做得真好，连字都写得这么漂亮，光是看着就让人赏心悦目了。

239. 你写作业的进步真大，每个字都写得那么工整、漂亮，让妈妈眼前一亮！

240. 你写的字真是越来越漂亮了，每一笔都那么自然，妈妈太骄傲了。

241. 你现在的字也太好看了吧，既有灵气又有生气，太让妈妈惊喜了。

242. 宝贝真有悟性，字写得这么好看，以后都可以做字帖了。

243. 你这篇字写得多好啊，妈妈想给它挂起来，让大家都看看。

244. 我就说你多练些日子，一定能写好，你看现在是不是很好？

245. 希望你以后每个字都能写得这么好。

3 写作业磨洋工
——孩子按时完成作业怎么夸

一写作业就各种磨蹭，妈妈只好在旁边督促、唠叨，却收效甚微。

康康好不容易坐下来开始写作业，还没写几个字，就开始抠橡皮、转铅笔、找东西，然后是吃水果、喝水、上厕所……

结果到了该睡觉的时候，他的作业才写了一半。

🔍 场景解析

不少父母都说，孩子写作业时磨磨蹭蹭的，打也打过，骂也骂过，可是怎么说好像都没有用，完全不知道该怎么办才好。

其实孩子写作业拖拉，和他们的专注力有关。在不同的年龄段，孩子的注意力集中的时间不一样：2—3 岁，注意力在 5—10 分钟；5—6 岁，在 10—15 分钟；7—10 岁，在 15—20 分钟；10—12 岁，在 25—30 分钟；12 岁之后，在 30 分钟以上。

孩子写作业拖拉，还与他们的生理发育情况有关。孩子正处在身体快速发育的时期，骨骼和肌肉的耐力较弱，一个动作很难坚持太长的时间。而且他们的神经系统发育不成熟，一个微小的刺激就可能引起大脑的过度兴奋，时常无意识或无法控制地做些小动作，在写作业上的表现就是注意力不集中，容易走神。

有些父母在发现孩子写作业走神时，便不假思索地批评孩子："下次再走神，看我怎样收拾你。"或者当着孩子的面就和别人说："这孩子写作业磨磨蹭蹭的，不爱学习。"这样的方式，不仅不能解决孩子的问题，还可能会加大孩子的心理压力，让他们对写作业这件事产生抵触和排斥。

写作业归根结底是孩子自己的事，当他们能够主动按时完成作业，并且把主动写作业当成一种习惯的时候，就能自觉地去完成，同时养成自主学习的好习惯，而不需要父母再为他们操心了。

那么，父母该如何通过夸奖培养孩子认真写作业的好习惯呢？

👍 专家教你这样夸

当孩子积极主动写作业时，这样夸：

246. 今天你主动写作业了，没有让妈妈催，妈妈为你点赞！

247. 你最近写作业很积极，几乎不需要妈妈提醒了，真好。

248. 先写数学，再写语文，你自己都安排好了，我真感到欣慰。

249. 同学喊你出去玩，你却决定写完作业再去，你越来越有主见了。

250. 今天这么多作业，你饭前都写好了，你真努力。

251. 你是怎么做到不想写作业还主动去写的？教教妈妈呗！

252. 妈妈特别想夸你，因为你写作业从来不磨蹭。

253. 有你这样主动写作业的孩子，妈妈觉得特别幸福。

254. 你每天都积极写作业，妈妈要向你学习。

当孩子写作业很认真时，这样夸：

255. 今天下班回家，我看到你在认真写作业，我很高兴。

256. 宝贝，你没有在写作业时开小差，非常值得妈妈表扬！

257. 听妈妈说你今天写作业时很认真，好样的。

258. 你写作业时特别沉得住气，我的宝贝怎么这么厉害呀！

259. 你今天写作业的坐姿很端正，也没有做多余的小动作，妈妈特别开心。

260. 看你写作业这么聚精会神的，难怪老师总是表扬你。

261. 以前老师还说你学习很认真，今天看你写作业才发现真是这样。

262. 作业写得那么认真，所以你的成绩总是很好。

263. 妈妈觉得你写作业时特别专注，值得表扬。

当孩子写作业又快又好时，这样夸：

264. 妈妈就打扫个卫生的工夫，你就把作业写完了，真厉害！

265. 今天作业这么多，你用两个多小时就写完了，学习效率越来越高了。

266. 你写作业的效率怎么这么高？这种能力让妈妈都佩服。

267. 别人需要几个小时才能完成的作业，你这么快就做完了，宝贝真厉害！

268. 你写得这么快，准确率也很高，妈妈都佩服你了。

269. 你能在限定的时间里高效地完成学习任务，这是一个非常了不起的能力。

270. 你的作业不仅完成得快，而且字迹工整，真的很棒。

271. 作业这么快就写完了，你就有更多的时间去玩了。

272. 你写作业的速度真是出奇的快，总能让我大吃一惊。

4 粗心马虎
——孩子作业错误减少了怎么夸

场景再现

有些孩子马虎又粗心，明明是很简单的题，却因为疏忽而弄错。

思明的作业本错误百出：题算一半漏一半、把数字和字写错、忘记写单位、没看准题目就作答……

妈妈问他："为什么这么简单的题也做错？"

他说："没看清。"

43

🔍 场景解析

孩子的粗心大意，与他们注意力不集中有着密切的联系。

注意力集中性差的孩子，在将感知到的信息传递到大脑时，很容易受到干扰，进而出现错误、遗漏等情况，也就导致了粗心问题的出现。

他们对外界的各种刺激会非常敏感，这些刺激很容易转移他们的注意力，让他们难以全神贯注地完成作业。

有的孩子在幼儿时期，经常会做"一边听故事一边玩游戏"这种一心二用的事情。久而久之，孩子的注意力可能就习惯性地分散了。

等孩子已经形成粗心大意的习惯后，有的父母担心孩子的作业错得太多，就每天坚持帮孩子检查作业。但是这样可能在无形中助长了孩子的依赖心理，让他们对因为马虎而做错题这件事情越发不在意。

有的父母则是选择用"惩罚式教育"来对待孩子的粗心大意，但是这样可能会让孩子在心理上产生反感，失去学习的兴趣。

父母不如试试"鼓励式教育"，因为每个孩子都喜欢被夸奖和表扬，这能够让他们变得更加自信。不过夸奖要尽量具体到某一点上，让孩子感受到夸奖中的真诚，才能产生自我强化的效果。

那么，父母该如何通过夸奖培养孩子细心做作业的好习惯呢？

👍 专家教你这样夸

当孩子写作业注意力很集中时，这样夸：

273. 客人在外面大声讲话也没有影响到你，你写作业时很专注。

274. 说好学习时不做其他事情，你说到做到了，太棒了。

275. 你做作业时，完全没有被外面的声音干扰，这是怎么做到的？

276. 你做作业时也太专注了吧，连妈妈敲门进房间都没有发现。

277. 其他小朋友跑到书桌前，你依然能够很专注地继续写，这真令人佩服。

278. 刚才你写作业的神情特别专注，也太厉害了吧。

279. 妈妈想请教一下，你是怎么在周围那么大声的情况下保持专注的？

280. 你写作业这么专注，我想你做别的事情时一定也很专注。

当孩子主动检查作业时，这样夸：

281. 你做完作业后，将作业检查了一遍才放进书包，这个习惯真好。

282. 起初你有几道题做错了，但是后来你及时改正了，你真细心。

283. 我看到你做完题又仔细检查了，真是个细心的好孩子。

284. 谢谢你听妈妈的建议，在写完后主动检查了作业，妈妈好高兴。

285. 我的宝贝竟然知道写完作业后主动检查，简直比爸爸妈妈还细心。

286. 你最近的作业正确率很高，应该是你经常检查的结果。

287. 你检查得很仔细，我们要向你学习，不能马虎大意了。

288. 写完作业你都会先检查，再出去玩，说明你很爱学习。

289. 我要恭喜你有了一个好习惯——写完作业后主动检查。

290. 检查能帮你消灭掉不少错误，看来你肯定知道这一点，对不对？

当孩子作业上的错误减少了时，这样夸：

291. 宝贝，妈妈知道只有一直认真又细心，才能取得你现在的成果，妈妈以你为傲。

292. 哇，宝贝这次作业没有出现错别字，表现很不错。

293. 今晚作业的错误率明显降低了，你是怎样做到这么高的准确率的？太让妈妈惊喜了。

294. 宝贝，你的作业怎么做得这么好呀？也太厉害了吧。

295. 尽管你这次的作业没有全做对，但是没有因为马虎大意而出现的错误，妈妈还是要表扬你。

296. 现在你的作业做得越来越好了，妈妈很开心。

297. 为了提高作业的正确率，你付出了很大的努力，妈妈很佩服你。

298. 恭喜你最近作业完成得不错，错误率降低了很多，老师都夸奖你了。

299. 妈妈想让你跟弟弟分享一下，是怎么减少作业错误的。

300. 你最近作业完成得不错，妈妈想奖励你一下。

5 不爱阅读
——孩子主动读书怎么夸

很多孩子喜欢看电视、玩手机，但是对读书没有一点儿兴趣，从不会主动去看书。

放暑假了，妈妈根据老师的推荐，给明浩买了几本课外书。但是他连一眼都懒得看，妈妈很无奈。

🔘 场景解析

其实，孩子一开始不愿意读书是很正常的，因为孩子无法做到像成年人一样专注，他们的注意力容易分散，很难长时间安静地看书，这对孩子来说也很枯燥。孩子如果没能从阅读中获得乐趣，那么就很难养成阅读的习惯。

有些父母想要培养孩子的阅读习惯，往往带着很大的功利性。他们将书本当作给孩子灌输知识的工具，想要通过阅读提高孩子的学习成绩。一旦发现阅读没有对孩子的成绩起到立竿见影的效果，他们可能就会放弃培养孩子阅读的习惯。而这样的做法往往会降低孩子对读书的兴趣，让他们将阅读任务看作压在身上的负担。

有的父母从一开始就想让孩子读名著，但有些名著的内容往往晦涩难懂，孩子的理解能力有限，读起来非常困难。这就容易打击他们的自信心，不利于培养他们对阅读的兴趣。

兴趣可以激发孩子的内在驱动力，为了兴趣而阅读的孩子，才更容易培养出阅读的习惯。

所以，哪怕孩子一开始只是完成学校的阅读任务，或只对绘本表现出兴趣，父母也要及时给予鼓励和支持，让孩子感受到阅读这件事情的快乐和成就感。这样，才能从小就将阅读的种子埋在孩子心里，让他们能够渐渐将阅读内化为一种习惯。

那么，父母该如何通过夸奖培养孩子喜欢阅读的好习惯呢？

👍 专家教你这样夸

当孩子主动开始读书时，这样夸：

301. 看到你自己主动去读书，妈妈真的好骄傲。

302. 宝贝，你不需要妈妈督促就自己开始读书了，妈妈太惊喜了。

303. 看你的阅读习惯和识字能力就知道，你在这方面真的很有潜力。

304. 妈妈太高兴了，因为我可以和你一起，共享许多美妙和奇妙的书籍了。

305. 哇，你这么快就看完了一本书，还完全记住了它讲的内容，可真厉害！

306. 你看了很多书，了解了很多知识和道理，是不是觉得自己很富有？

307. 你和书本一定是好朋友吧，要不你怎么会经常看书？

308. 有了书这个好朋友，你一辈子都不会寂寞。

309. 看到你这么爱读书，妈妈特别开心。

当孩子读书的态度变好时，这样夸：

310. 宝贝，你读书的样子特别可爱，看到你如此专注和认真，妈妈特别欣慰。

311. 你的阅读能力进步很大，看书越来越认真了，妈妈很欣慰。

312. 宝贝，妈妈很喜欢看你读书的样子，因为我知道你在成长。

313. 宝贝，你真的非常用心地在读书，这让妈妈很感动。

314. 妈妈的宝贝，你读书真的很认真，这种认真和专注让妈妈感到自豪。

315. 看到你喜欢读书；并因为读书而这么投入，妈妈都佩服你，你真的很棒。

316. 我发现你现在看书特别能坐得住，一点都不嫌累。

317. 书里面是不是有你感兴趣的东西呢？不然你不会这么入迷。

318. 妈妈每天也要挤出时间认真阅读，向你学习。

当孩子坚持高质量读书时，这样夸：

319. 宝贝，你能够坚持阅读，这种毅力和恒心是很难得的品质，真的非常值得称赞。

320. 宝贝，你的阅读量变大了不少，这是非常难能可贵的。

321. 我真的很骄傲，因为你读的书都是很有内涵的。

322. 妈妈发现你的阅读兴趣越来越广泛了，相信你以后一定是个知识渊博的人。

323. 宝贝，你阅读的书籍越来越丰富了，口语表达能力也明显提高了，妈妈真为你高兴。

324. 妈妈发现你读的书，每一本都是那么精彩，连爸爸妈妈都非常喜欢。你怎么有这么高质量的书单啊，分享给爸爸妈妈好不好？

325. 你坚持阅读的习惯真是让人佩服，这个习惯会让你在未来取得更大的成就。

326. 你的阅读习惯已经成为你人生的一部分，这是一种无形的财富。

6 不会就喊妈
——孩子自己想出了答案怎么夸

有些孩子没有养成独立思考的习惯，写作业时遇到一点问题就喊妈，而不是自己想办法解决。

晨晨上三年级了，妈妈决定放手让他自己完成作业。

不承想，她还没走开就听到晨晨喊："妈，这个字我不会写！"

妈妈说："自己查字典。"

刚过一会儿，又听他喊："妈，这道题我不会算。"妈妈不搭理他，他就一直喊。

妈，这道题
我不会……

🔍 场景解析

很多父母为此苦恼不已，只要一听见孩子喊自己，恨不得立刻隐身。

其实，孩子遇到困难向父母求助，这是他们的本能。在学会独立写作业这件事情之前，他们几乎每次都是那么做的，而父母也确实都会毫不迟疑地帮助他们。

但是，父母在孩子遇到麻烦时的随叫随到，如果没有限度，很容易让孩子形成依赖父母、不会独立思考的习惯。

有的妈妈为了不让孩子频繁地喊自己，会给孩子立一个条约，上面明确规定遇见哪些问题时不能喊妈，然后还会告诉孩子："请严格按照上面说的去做。"但是这可能让孩子的作业质量难以得到保证。孩子可能会觉得，"既然要我自己解决，那我不会怎么解决，只好不做了"。

无奈之下，有些父母就装作听不见孩子说话，不理睬他们，但是这样又可能会伤了孩子的心。

想让孩子不再一遇到难题就喊妈，关键在于培养孩子独立思考的习惯。父母可以通过夸奖和鼓励的方式，让孩子从独立思考中体会到被人认可的成就感。这种成就感会让孩子有足够的动力去思考和挑战。

那么，父母该如何通过夸奖培养孩子独立思考的好习惯呢？

👍 专家教你这样夸

当孩子开始独立思考答案时，这样夸：

327. 我相信，只要你认真思考，这道题一定能做出来！

328. 宝贝已经学会了独立思考和解决问题，这种独立精神值得妈妈表扬。

329. 宝贝，妈妈为你的独立感到无比自豪。

330. 你能够独立思考，让爸爸妈妈感到非常放心和欣慰。

331. 宝贝，你拥有独立完成任务的精神，这值得成为别人的榜样。

332. 我的宝贝长大了，已经是个独立的小大人了，掌声送给你。

333. 你太棒了，自己想到办法解决了这个问题！

334. 老师总跟爸爸妈妈夸你爱提问、爱思考，说你思维很灵活。

335. 凡事你都喜欢思考，这真的是很好的习惯。

当孩子自己想出了答案时，这样夸：

336. 这道题目居然还有这种解题方法，你是怎么想出来的呀？

337. 你的思考能力真强，这么快就想出了答案，妈妈就知道你一定没问题。

338. 瞧，你多聪明呀，这么难的题目你都自己想出来了。

339. 宝贝真聪明，不仅掌握了知识，而且能够使用新方法、新思路，真了不起。

340. 我的宝贝既聪明又努力，妈妈觉得你一定能够自己找到答案，现在看来，果然如此。

341. 这么难的题你都自己做出来了，我的宝贝果然非常了不起啊。

342. 这个办法太好了，你是怎么想出来的？

343. 能不能把你的思路告诉妈妈，我也想学学。

344. 你说得特别有道理，一定是认真思考过了。

当孩子坚持自己的答案不动摇时，这样夸：

345. 宝贝，你有自己独立的见解，不随便附和他人，这样非常好。

346. 你能够坚持自己的想法不动摇，这种坚定令人称赞。

347. 你勇敢地坚定自己的答案，这种自信和决心足够让人赞赏了。

348. 你的想法独特，还能坚定自己的答案，说明你是个自信的孩子。

349. 妈妈不仅为你自己找到答案而高兴，更为你坚信自己的答案是正确的自信和勇气所折服！

350. 你的自信和坚定是一份宝贵的财富，令我感动不已。

351. 不盲从别人，一般人很难做到，但是你做到了，我确实没想到。

352. 你能不受别人的干扰，这一点特别难得。

353. 我希望你能一直保持这种独立、坚定的态度。

第三章

品质德行

——夸出大方得体有修养的孩子

遇到一点困难就放弃
——孩子坚持一件事怎么夸

场景再现

很多孩子总是遇到一点困难就放弃，畏难情绪严重：学数学时，刚读完题就说"我不会，换一道题吧"；学跳舞时，刚做了几个动作就说"好难啊，我做不了，不做了"……

周末，爸爸卸掉了自行车的辅助轮，让周洋练习骑自行车。刚骑上去，他就摔倒了。

然后，他就不肯练了，说太难了。

太难了，我不想学了。

场景解析

心理学上有一个概念叫作"习得性无助"，就是指一个人在经历了多次失败后，产生了无能为力的心理状态或行为，于是很难相信自己还会取得成功。

孩子遇到一点困难就想要放弃，可能与这种心理状态有关，而这种心理状态的产生，往往与孩子失败的生活经历有关。

有时候，孩子轻易放弃的表现，是在向父母寻求解决困难的帮助。可是有的父母因为太过着急，一看到孩子放弃，就觉得是孩子的抗挫折能力太差，于是忍不住地埋怨孩子："就这么点小事，至于吗？"

孩子与成人不同，父母认为的小事，在孩子眼里可能就是难以解决的大事。而父母的指责往往会给孩子带来深深的无助感和挫败感，让他们逐渐陷入自我否定的境地，对自己失去信心。

父母想要孩子在困境中坚持下来，应该在孩子遇到挫折时，积极地对其进行鼓励；当孩子有克服困难的想法，或是为克服困难做出了努力时，及时地给予表扬。这样有利于帮助孩子建立在困境中坚持下来的信心。

那么，父母该如何通过夸奖培养孩子坚持不懈的好习惯呢？

专家教你这样夸

当孩子表现很好，但自己没有发现时，可以夸：

354. 你可能没发现，你的朋友非常佩服只有你坚持了下来。

355. 宝贝，你做得比妈妈想象得还好，你太让妈妈骄傲了。

356. 你这次的表现又进步了好多，妈妈相信你会越来越好。

357. 你不觉得吗？你这次坚持的时间更久，妈妈为你的进步而高兴。

358. 你不知道我们有多感激你坚持到了现在，你每一次都比上一次表现得更好，太谢谢你的坚持了。

359. 不知不觉中，你学画画已经一年多了，这就是坚持的证明啊，宝贝你超棒的。

360. 妈妈觉得你这次练习时面对困难的态度更积极了。

361. 你没发现每天不用妈妈提醒，你就能坚持晨读了吗？你真自律啊。

362. 今天是你坚持刷牙的第六天了，没想到吧！

当孩子努力了，但没获得成功时，这样夸：

363. 没有达到目标确实很遗憾，但你已经很接近了，下次有信心实现目标吗？

364. 这是一次很好的尝试，你已经做得非常不错了，继续努力，下次一定会做得更好。

365. 无论如何，你的努力和勇敢都值得称赞。

366. 妈妈看到了你的努力，这是非常值得表扬的行为。

367. 宝贝，在遇到困难时你没有逃避，值得表扬。

368. 你这次又取得了很大的进步，比以前做得更好了。

369. 失败不可怕，重要的是你坚持下来了。相信你下次会做得更好！

370. 不成功并不丢人，最起码你坚持了下来。

371. 我们希望你能再接再厉，迎接更大的胜利。

当孩子非常努力地实现了目标时，这样夸：

372. 你做到了，太棒了！你使用了哪些技巧呢？我感觉你很高兴，你太认真了！

373. 宝贝我看到了，这次你真的特别努力。因为你尝试了好几次，所以才能做得这么好，真棒！

374. 你看，这就是你努力的成果。看到你实现目标，妈妈非常骄傲。

375. 你用实际行动证明了"努力是通往成功的必经之路"，宝贝，你真优秀。

376. 你的进步是努力的结果，宝贝，你做到了，真是太棒了！

377. 看到你成绩这么好，这么多天的努力真是没白付出，祝贺你！

378. 演出效果很好，是你的坚持才让演出这么成功。

379. 这件事挺难的，但你却坚持下来了，你真的太棒了！

② 不敢挑战
——孩子尝试去挑战怎么夸

场景再现

上课不敢发言，害怕自己说错；很想参加一次演讲比赛，但是又不敢报名……有些孩子对于新事物或新挑战经常表现出拒绝和逃避的态度，明明有些事情他们可以完成，但是又因为害怕而不敢尝试。

妈妈带天天去攀岩馆，岩壁上有好几个小朋友在攀岩。天天站在岩壁前犹豫了很久，却说什么也不敢上去。

🔍 场景解析

　　孩子害怕面对挑战，主要原因就是他们的内心缺乏自我价值感，而自我价值感源自他人的认可和肯定。在生活中很少甚至没有获得过肯定评价的孩子，自我价值感自然而然就会很低，也就缺乏面对困难和挑战的勇气。

　　有些父母在日常生活中，总是给孩子贴上负面标签，在孩子尝试着做某些事情的时候，也总是挑剔和否定，这些都会打消孩子尝试和探索的欲望和积极性。

　　有些孩子不敢挑战，是因为他们缺少成功经验的积累。他们可能由于自身经验不足而失败过很多次，而每次失败又面临着父母的批评和失望情绪，这让他们没有感受过成功的成就感和被人认可的喜悦，也因此失去了尝试的勇气。

　　想要让孩子拥有面对挑战的勇气和信心，培养他们积极的心态很重要。父母要在孩子每次尝试挑战时，及时给予表扬和激励，让他们感受到自己的勇敢和努力是被认可的，帮助他们获得面对挑战的勇气。

　　那么，父母该如何通过夸奖培养孩子勇于挑战的好习惯呢？

👍 专家教你这样夸

当孩子面对挑战，没有退缩时，这样夸：

380. 宝贝，你面对挑战毫不退缩，如同真正的勇士，坚定而有力。

381. 宝贝，看到你积极参与新的活动，爸爸妈妈感到无比骄傲。

382. 你要相信自己的能力，而妈妈也会一直相信并支持你。

383. 宝贝，你迎接挑战的样子真像一个勇士啊，简直太酷了！

384. 宝贝，你不知道你勇敢面对挑战的样子有多酷，这样的你已经能够成为很多人的榜样了。

385. 你在挑战面前充满勇气，这展现出了强大潜力和无限可能性。

386. 刚才你跃入泳池那一刻，真是太帅啦。

387. 你敢站在台上表现自己，你真勇敢！

388. 你能在大家面前这么自信地表达，从容不迫，真是让人赞叹。

当孩子尝试挑战，但没有成功时，这样夸：

389. 宝贝，在面对挑战时你没有放弃，值得表扬。

390. 妈妈看到了你不断尝试和努力的精神，这让我非常感动和佩服。

391. 你能够大胆地尝试进行挑战，这种勇敢而无畏的精神就已经十分难得了。

392. 宝贝真勇敢，你做了一件非常需要勇气的事情，妈妈为你骄傲。

393. 结果并不是判定价值的唯一标准，你有勇气去尝试，就已经很厉害了。

394. 看着你勇敢克服挑战的样子，妈妈感到非常振奋，也受到了鼓舞，谢谢宝贝。

395. 失败不代表你不优秀，它是为了让你更优秀。

396. 你的进步我们都看在眼里，你已经做得很好了。

397. 你今天在挑战中表现得非常棒！你有能力，下次一定会赢。

当孩子尝试挑战并成功时，这样夸：

398. 你今天在挑战中取得了很好的成绩，我为你感到骄傲。

399. 你勇敢又有实力，这非常难得。

400. 恭喜宝贝挑战成功！你已经从一个害怕尝试的孩子变成了一个勇于探索的勇士。

401. 你的勇敢不仅让你取得了出色的成绩，还给其他人树立了榜样。

402. 你的勇气和胆量非常出色，妈妈也要向你学习。

403. 你攀岩时的表现非常出色，这证明了你的努力和毅力。

404. 我知道长跑对你来说是一项挑战，但是你成功跑到了终点，非常了不起。

405. 和上次比赛相比，你的进步让妈妈感到无比欣慰，你终于成功啦。

406. 我相信你有能力、有实力去追求自己的梦想。

3 不守时
——孩子没有迟到怎么夸

场景再现

有的孩子做事磨蹭、拖延，还经常性地迟到。他们无论是去学校上学，还是平时参加活动，都没有时间观念。

小林整个早上都磨磨蹭蹭，穿衣服慢，刷牙慢，吃早饭也慢。虽然妈妈一直在旁边催，但他上学还是迟到了。

你看你那么磨蹭，又迟到了，赶紧进去吧！

🔍 场景解析

孩子总是迟到，与他们没有时间观念有很大的关系。有的孩子对时间缺少准确的感知，不清楚几分钟到底是多长的时间，又对自己的做事速度有错误的判断，总是在心里不自觉地认为自己的效率很高，这就导致他们错误地预留时间，包括洗漱的时间、上学路上的时间等，所以自然而然就迟到了。

有的父母在孩子迟到后并未采取措施，这样一来，当孩子发现迟到并没有给自己带来什么后果的时候，他们就不再看重迟到这件事，不会因为迟到而自责，也没有动力去改正。久而久之，他们就越来越没有时间观念，慢慢地养成了迟到的习惯。

有的父母则是另一个极端，每当孩子出现迟到的情况，就会用比较激烈的语言去教育孩子，甚至体罚孩子。但是这样的方式只会让孩子内心更加抵触这件事，甚至跟父母对着干，于孩子的成长不利。

孩子可能平时会有些拖拉的习惯，但也会有表现好的时候，父母要在这些时候多用鼓励和夸赞的话语激励孩子，这样能够增加孩子的信心，让他们将好的表现坚持下去。

那么，父母该如何通过夸奖培养孩子守时的好习惯呢？

👍 专家教你这样夸

当孩子做事情不磨蹭、不拖延时，这样夸：

407. 今天早上从穿衣、刷牙到吃饭，然后出发去学校，你只用了 15 分钟，效率太高啦。

408. 你洗漱比爸爸都快，妈妈要表扬你。

409. 你早上把几件事情一起完成了，大大缩短了从起床到出门的时间。

410. 你今天洗澡的速度很快，完全没有磨蹭，真棒。

411. 你说自己今天要 7 点半出门，还真的做到了。宝贝，你可真厉害。

412. 你只要做事情，都能够按时完成，真是太棒了。

413. 你做事情从来不磨蹭，时间观念太强了！

414. 你把时间安排得也太高效了吧，妈妈也要向你学习。

415. 你洗衣服又快又干净，妈妈特别放心。

当孩子在规定时间内完成了约定好的事情时，这样夸：

416. 你真是个守时的好孩子，每次都能按时完成作业，妈妈感到非常欣慰。

417. 你每次都能按时完成学习任务，妈妈非常欣赏你的守时。

418. 妈妈看到你今天写作业在规定的时间内完成了，这就是高效的时间管理！

419. 你的守时和真诚实在太难得了，令妈妈感动不已。

420. 瞧！你为大家带了守时的好头，我们都要向你学习呢！

421. 宝贝，你真是妈妈守时的表率。

422. 说好要在半小时内画完这幅画，你果然做到了。

423. 既然你在规定时间里完成了作业，那妈妈允许你现在看动画片。

424. 一个小时内你果然整理好了自己的房间，妈妈要表扬你。

当孩子没有迟到时，这样夸：

425. 宝贝今天没有迟到，表现真棒！

426. 今天宝贝上学特别积极，没有迟到，特此表扬。

427. 宝贝真是准时小达人、守时乖宝宝，没有迟到。

428. 不迟到不仅是守时，还是一种责任和担当，你的表现让妈妈感到非常欣慰。

429. 没有迟到，说明你拥有良好的时间观念和自我管理能力，值得称赞。

430. 为了表扬你这周上学一次都没迟到，妈妈送你一朵小红花。

431. 老师跟我表扬你最近从未迟到过，你开不开心呢？

432. 你和朋友约好出去玩时，从来不迟到，说明你很珍惜时间。

4 爱插嘴
——孩子安静倾听怎么夸

有的孩子非常喜欢插嘴，这种不礼貌的行为，让父母很是尴尬。

邻居阿姨和妈妈正在聊天，他们聊到最近因为一部电视剧而火的新疆。

旁边的军军忽然插嘴，让妈妈去给他买酸奶。

妈妈说等会儿去买，军军不依，邻居阿姨见状就借口走了。之后，妈妈狠狠把军军批评了一顿。

场景解析

孩子爱插嘴，其实是一种正常的表现。他们的年龄小，自我控制能力还不是很好，很多时候，他们想到什么就会情不自禁地脱口而出，很难做到等待或延迟。

而且，小孩子一般会有强烈的表现欲，他们希望自己能够成为人群的焦点，尤其是想让父母的注意力都放在自己身上。如果父母因为长时间与他人交谈而忽略了孩子，他们往往就会通过故意插嘴的方式，来重新获得关注。

孩子插嘴还可能只是因为对别人讨论的话题感兴趣，想要介入其中；或者因为好奇，而迫切地想要弄清楚自己心中的疑问。

当然，有些孩子插嘴，也可能是单纯地想要捣乱，但更多时候，他们并不是故意的。

有些父母不加区分就简单粗暴地制止孩子，甚至当着别人的面严厉地呵斥孩子："小孩子别老插嘴，懂不懂礼貌？"

这样的做法，不仅会打击孩子的自尊心，让孩子失去表达的欲望，还会在无形中伤害孩子自信心，让他们在人际交往中产生胆怯和自卑的心理。

父母要用积极的态度对待孩子插嘴的行为，并在这个过程中做好引导，将孩子的坏习惯转变为好习惯。而夸奖和肯定是让孩子保持良好习惯的动力，并能够使其坚持不懈。

那么，父母该如何通过夸奖培养孩子安静倾听的好习惯呢？

专家教你这样夸

当孩子等待大人说完话后才开口时，这样夸：

433. 感谢宝贝在妈妈和别人交谈的时候没有打扰我们。

434. 谢谢宝贝坚持到妈妈和别人聊完天后才过来，宝贝太贴心了。

435. 你能耐心地等妈妈把事谈完，怎么这么乖啊，妈妈爱你。

436. 你有问题，但是你会等他们说完话再问，真是个贴心、有礼貌的好孩子啊。

437. 我的宝贝一直在等大人说完话再问问题是不是？好乖啊，真棒。

438. 你没有打断妈妈和别人说话，妈妈非常高兴。

439. 大人说完你才说，真是个有礼貌的好宝宝。

440. 奶奶说你和她聊天时从来不抢话，你做得很正确。

441. 妈妈知道你喜欢说话，不过和别人在一起时你都是很有礼貌的。

当孩子安静倾听别人说话时，这样夸：

442. 宝贝，你能够安静地听别人交谈，你真是一个很棒的倾听者。

443. 宝贝，你刚刚的表现太棒了，真像一个小大人啊。

444. 你刚刚在很认真、很仔细地倾听别人讲话，妈妈非常感动。

445. 你刚刚没有随意插话，很安静地在听妈妈和别人讲话，妈妈真的非常感激你。

446. 宝贝，你不知道你的安静倾听对于说话的人来说，有多么珍贵，妈妈太为你骄傲了。

447. 优秀的倾听者是很难得的，而你做到了。宝贝，你太棒了。

448. 你总是认真倾听别人的话，这是值得赞赏的品质。

449. 妈妈要夸奖你！妈妈和别人说话时，你从来不插话。

450. 倾听是一种智慧，我发现你就很有智慧。

当孩子开口前先征询了别人的意见时，这样夸：

451. 你懂得先询问别人的意见再开口，太惹人喜欢了。

452. 你在开口前先征询了别人的意见，真是一个懂得尊重别人的好孩子。

453. 你这样做是尊重别人的表现，这样别人也会尊重你。

454. 妈妈一定要好好表扬表扬你，你怎么这么有礼貌啊。

455. 谢谢宝贝，你的礼貌让妈妈非常高兴！

456. 你很重视别人的意见，这一点做得非常好。

457. 你在发表意见前会先经过别人的允许，妈妈要向你学习。

458. 你这么懂礼貌，大家都想听你说话。

5 没主见
——孩子表达了自己的意见怎么夸

一些孩子没主见，不敢表达自己的看法，甚至连自己喜欢什么也不敢表达。

妈妈带聪聪逛商场，看到一个阿姨正在店门口送气球。

聪聪想要气球，可是阿姨问他要什么颜色的气球时，他却犹豫不决，不知道如何选择。

最后，还是妈妈帮他选了蓝色的。

你想要什么颜色的呢？

......

场景解析

孩子在与人交往的过程中，不会表达自己的意见，没有自己的见解，总是跟着别人的脚步走，这是典型的缺乏主见。

缺乏主见的孩子，往往不敢拒绝别人的要求，遇到事情也不敢表达自己的意见，而是一个人默默地消化委屈和难过。孩子之所以如此，与父母有很大的关系。

有的父母在孩子的面前表现得非常权威，几乎事事都要孩子经过自己的同意后才能做，面对孩子自己的想法，也往往采取否定的态度。

尽管父母的出发点可能是不想让孩子走弯路，想让他们免受伤害，但是这么做，会压抑孩子的天性，让他们觉得自己的想法没有那么重要。久而久之，孩子就不愿意在任何场合、任何人面前表达自己的意见了，而且也会逐渐失去对事情的基本的决断能力。

有的父母在孩子因为表达了自己的意见，而与别人产生冲突时，可能会为了所谓的"面子"而不问缘由地先指责自己的孩子，这会伤害孩子的自尊心，也让他们对父母的公正失去信心。时间长了，他们可能就不敢也不愿在与人交往时表达自己的意见了。

孩子的世界与成人的不同，尽管他们有很多想法都显得天马行空，但是再不切实际的想法，父母也要鼓励孩子说出来，在不违背原则的情况下，甚至可以让他们做些尝试。

当孩子发现自己的想法受到了尊重和重视时，他们会感到自己被肯定、被认可了，这能够增强他们表达自己意见的自信心。

如果孩子迈出了勇敢表达自己的第一步，父母要及时地给予夸奖和表扬，这样能够激发孩子保有主见的积极性。

那么，父母该如何通过夸奖培养孩子有主见、敢表达的好习惯呢？

专家教你这样夸

当孩子敢于表达时，这样夸：

459. 宝贝，你敢于表达自己的看法，真是个勇敢的孩子。

460. 宝贝，你踏出了至关重要的一步，这就是最大的进步！妈妈为你自豪。

461. 你敢于把自己的想法讲给老师和同学们听，你真是太勇敢了。

462. 我的宝贝真棒，在表达自己的意见时毫不怯场，妈妈为你骄傲。

463. 你敢于表达自己的态度，让妈妈都自愧不如，妈妈也要向你学习。

464. 你敢在那么多人面前说话，比妈妈强多了。

465. 你敢上台表达意见，这是妈妈没想到的事情。

466. 你不仅敢开口说，而且回答别人的问题时声音响亮，我要给你鼓掌。

467. 参加演讲比赛是需要勇气的，你的勇气让我刮目相看。

当孩子的表达清楚明白时，这样夸：

468. 宝贝，你的表达能力好强，好像一个小演说家啊。

469. 宝贝，你的用词非常准确，能够清晰地表达自己的想法，真了不起。

470. 你的表达能力好强啊，回答问题总是那么有条理性，妈妈为你高兴。

471. 你讲起故事来很有条理，大家都很喜欢听你讲故事。

472. 宝贝，你的表达能力很强，比很多大人都好呢，你可以为此自豪。

473. 你能够用简单的语言解释复杂的概念，让大家更容易理解，真是太厉害了。

474. 你的表达能力真强，小小年纪说话像个小大人。

475. 你的表达能力真好，简直太棒了。

476. 我很喜欢你的语言表达风格，既有逻辑又很清晰。

477. 你说得很清楚、很有条理，妈妈听得很明白。

当孩子有主见时，这样夸：

478. 你有自己的想法和主意，这是非常好的事情，说明你正在逐步成长啊。

479. 你能相信自己的判断，勇敢地发表自己的观点，这非常难得。

480. 看到你在与小伙伴交流时，坚持了自己的想法，没有被他们带偏，妈妈很高兴。

481. 宝贝，你有主见、有想法，真是太棒了，让人佩服。

482. 宝贝，你真有主见，总是能提出独特的观点，让人眼前一亮。

483. 我的宝贝，你越来越有主见了，我为你感到骄傲。

484. 你对很多事情都有自己的见解，说明你长大了、成熟了。

485. 你总是坚持自己的想法，这说明你有非常强的独立思考能力。

6 见人不打招呼
——孩子主动叫人怎么夸

场景再现

有些孩子见到不熟悉的亲戚朋友或是陌生人，总是很腼腆，不敢开口打招呼，也不愿意说话，显得很没有礼貌。

妈妈带芳芳去超市，路上碰到邻居奶奶。

妈妈让芳芳跟奶奶打招呼，但芳芳却躲在妈妈身后，不敢出来。

🔍 场景解析

　　孩子不爱打招呼，是因为他们不愿意和陌生人说话。成年人遇到不熟悉的人，会觉得很尴尬，不知道说什么。孩子也一样，他们不打招呼，只是因为还没做好心理准备。而且，"怕生"是孩子与生俱来的自我保护的方式。他们会先观察陌生人，判断这个人是否安全，然后再决定是否和对方亲近。安全感不足时，他们很难从容地打招呼。

　　孩子不爱打招呼，和性格也有一定关系。有些孩子性格比较内向敏感，看见陌生人会比较紧张和害羞，会不知所措。他们和陌生人打交道时需要一个适应过程。如果被逼着打招呼，他们内心会很痛苦、很挣扎。

　　还有一种可能，就是孩子不知道该如何称呼对方，害怕叫错了会受到指责或嘲笑，或是害怕说错了话会得罪别人，又或是担心自己说完之后不知道该继续说些什么，让场面很尴尬，所以干脆就不开口了。

　　主动打招呼，不仅事关礼貌，也是主动向别人表达善意，可以增进人与人之间的感情。孩子见人不打招呼，不只会被认为没有教养，还会让别人感觉很冷漠、很难亲近，会影响他们的人际关系。

　　父母看到孩子不主动打招呼，不是严厉批评、训斥，就是强迫孩子打招呼，或是用"胆小""没出息"等负面语言来教育孩子，这会加重孩子的心理负担，导致孩子对人际交往产生抵触情绪，性格也会变得越来越自卑、内向。

　　那么，父母该如何通过夸奖引导孩子有礼貌地与他人打招呼呢？

✍ 专家教你这样夸

当孩子主动和陌生人打招呼时，这样夸：

486. 陈阿姨说，昨天你见到她主动打了招呼。她一直和我夸你有礼貌呢。

487. 刚才没等爸爸让你喊人，你就主动和人家打招呼，爸爸觉得很有面子。

488. 不知道怎么称呼人家时，你能先问过妈妈以后再叫人，这样做很正确。

489. 妈妈的同事特别喜欢你，说咱们家的小姑娘很有教养，嘴也很甜。

490. 见到别人能主动打招呼，说明你很尊重对方，对方心里会很舒服。

491. 我注意到你今天主动和邻居打招呼，邻居很高兴。

492. 主动和别人打招呼，是有礼貌的表现。

493. 大家都喜欢有礼貌的孩子，你喜欢和人打招呼，就是有礼貌的表现。

494. 笑一笑也是打招呼，你的笑容会让人感到很快乐。

当孩子主动和客人打招呼时，这样夸：

495. 每次家里来客人，你都能主动和客人打招呼，说明你很懂得待客的礼仪。

496. 主动和客人打招呼，你也是咱们家的小主人喽。

497. 上次赵叔叔来咱家，你热情又有礼貌，赵叔叔夸你很懂事。

498. 你的热情让客人特别高兴，以后咱家招待客人的工作就交给你了。

499. 今天客人上门时，你一点都不紧张，还主动打招呼，表现得真是太好了。

500. 你既有礼貌又很活泼，大家都很喜欢你。

501. 你今天特别有礼貌，叔叔阿姨们都在夸奖你呢。

502. 你很懂得待客之道，是我见过的孩子中最棒的。

503. 在招待客人这方面，你可以做妹妹的表率，希望你永远这么棒！

当孩子大方回答别人的问题时，这样夸：

504. 客人问的问题你都耐心回答了，妈妈觉得你做得很好。

505. 回答问题时你的态度很自然，真是落落大方的大姑娘了。

506. 刚才人家问你"几岁了"，你一点都不害怕，大声回答了出来，你做得很棒。

507. 人家问你"叫什么名字"，你不但说了出来，还告诉人家怎么写，真棒。

508. 今天你在回答问题时特别大方，希望你以后也能这样。

509. 阿姨问你问题时，你回答得很清晰，阿姨一下子就明白了。

510. 不知道怎么回答时，你会说"不知道"，你做得很正确。

511. 叔叔跟我说你特别聪明，他问的问题你都回答得很好。

第四章

家庭表现

——夸出懂事又感恩的孩子

沉迷手机
——孩子自觉放下手机怎么夸

场景再现

刷视频、看直播、打游戏，手机里好玩的东西太多了。如何才能帮孩子戒掉手机？

小航一放学，就缠着妈妈要手机玩。

他喜欢在手机上玩游戏，说好玩 10 分钟，可他总是说话不算数，每次都得妈妈强硬地夺回来。

🔘 场景解析

沉迷手机的孩子大多数在现实生活中缺乏陪伴、不被关注，他们渴望得到关爱和重视，可是却得不到满足，只好到网络世界中寻求理解和安慰。

有的孩子喜欢玩手机，则是为了逃避学习和生活中的压力。他们在学习和生活中遇到了挫折和困难，或是因为过高的期待而导致的压力，不知道该怎样摆脱，就想在虚拟世界中进行排解。

有的孩子成绩比较差，或是出于其他原因感到自卑，而网络和游戏世界可以给他们提供满足感和成就感，他们便因此而沉浸其中无法自拔。

还有些孩子的生活比较单调，除了学习，没有任何兴趣爱好，他们在生活中很难找到乐趣，就更容易把手机当作唯一的消遣方式。

手机对孩子来说，是一个新奇有趣的世界，在这里，他们可以很轻松地得到快感和满足感，而不需要任何思考，所以才会对此欲罢不能。但是孩子的自律能力无法和成年人相提并论。假如过分依赖手机，他们的身体和心理健康会受到影响。

孩子沉迷手机最常见的后果就是视力下降、作息不规律，还会导致他们认知功能、思考能力和创造力的严重下降。过度使用手机，还容易让孩子出现情绪不稳定、焦虑、暴躁、冷漠等问题，导致他们在人际交往中遇到很多障碍。

想让孩子合理有度地使用手机，让他们学会自我管理才是最重要的。让孩子自己制定使用手机的相关规则，父母仅保留监督的权力，能让孩子学会约束自己和遵守规矩，学会为自己的行为负责，锻炼他们的自控能力，以后能够更好地掌控自己的生活。

可是，假如父母采用强硬的方式管教孩子，禁止他们使用手机，甚至断网、砸掉手机，只会激起孩子的反抗情绪，引起矛盾和冲突。而且，父母越是禁止，孩子就越离不开手机。

那么，父母该如何通过夸奖让孩子学会合理使用手机呢?

专家教你这样夸

当孩子按约定的时间放下手机时，这样夸：

512. 说好只看 1 个小时，你能自觉放下手机，说明你很遵守我们的约定。

513. 时间一到就放下手机，你真是个自律的好孩子。

514. 你能够合理地控制玩手机的时间，妈妈对你很放心。

515. 最近玩手机时你都能自觉地控制时间，我要对你进行奖励，希望你能保持下去。

516. 喜欢玩手机，但是又不沉迷，妈妈真的很佩服你。

517. 刚才说好玩半小时手机就不玩了，你按时把手机还给了妈妈，很有信用。

518. 我很高兴看到你主动放下手机，这说明你懂得自我控制。

519. 我相信你有能力控制手机的使用，你果然做到了。

520. 你今天做到了按时放下手机，你的自律性让我感到骄傲。

当孩子用别的活动代替玩手机时，这样夸：

521. 你愿意和爸爸一起去踢球，而不是窝在家里看手机，爸爸很欣慰。

522. 你能集中注意力做手工，手机放在旁边也没有分心，你真是个专心的孩子。

523. 你最近很少玩手机，时间都用来画画了吧? 难怪画得这么好。

524. 今天去博物馆是不是不虚此行? 你是不是觉得比玩手机有意思多了?

525. 今天放假，你提出要去游乐场，爸爸妈妈和你一起玩得特别开心，谢谢你的提议。

526. 我看到你今天和朋友出去玩了，没有玩手机，这样很好。

527. 今天你没玩手机，在外面玩了一天，这种亲近自然的方式多健康啊。

528. 你没在家玩手机，而是去跑步出了一身汗，你是怎么想到要这样做的呢？

529. 谢谢你陪我去超市买东西，而不是待在家里玩手机。

530. 你没有玩手机，而是帮我大扫除，有了你的帮忙，咱家才变干净了。

531. 假期里你没有沉迷手机，而是参加了很多活动，生活是不是很丰富呢？

当孩子自觉用手机学习时，这样夸：

532. 你上网课时很认真、很专注，没有偷偷玩游戏，值得表扬。

533. 最近你的英语成绩提高了不少，看来网课没有白上。

534. 又在玩识字游戏吗？难怪认识那么多字，连老师都夸你呢。

535. 你能用手机学习，说明你已经懂得把手机当作学习的工具了。

536. 你用手机学到了很多知识，看来你已经会正确使用手机了。

537. 我觉得你最近的作文写得不错，那些好词好句都是你在手机上学的吗？

538. 我看你最近总是用手机看化学实验，是不是对化学很感兴趣？

539. 我很放心你用手机，因为你都是用它来学习。

540. 你都会用手机搜索啦？难怪你懂那么多知识。

2 爱发脾气
——孩子控制住了脾气怎么夸

有的孩子不仅经常发脾气，而且发起脾气来又哭又闹，大声尖叫，倒地撒泼，甚至骂人、咬人、打人、摔东西等。

小磊已经吃了三块巧克力了，还想吃。

妈妈拒绝了他，他就大哭大闹。

85

🔍 场景解析

年纪越小的孩子，越容易大哭大闹、乱发脾气。在人的大脑中，有一个部分负责做决策、调节压力和控制冲动，叫作前额皮层。儿童的前额皮层还没有发育成熟，这导致他们无法对于超出理解的事情做出理性的反应，只会用发脾气的方式宣泄出来。而且，儿童大脑中负责控制情绪的边缘系统也不成熟，导致孩子无法准确表达自己的情绪，于是他们就会发脾气。

有些孩子爱发脾气是因天生性格急躁，不能容忍变化，一旦事情没有顺他们的意，他们就会比其他孩子更容易发脾气。

很多孩子会因为遇到挫折而发脾气，比如父母拒绝他们的请求、批评他们、阻止他们做某件事、要求他们做某件事，他们会因为委屈而愤怒。在学习或生活中遇到困难，他们会产生无助感和无能感，最终也会发脾气。

一个人有坏情绪是很正常的事情，每个孩子都会有情绪不好的时候，但是学会控制坏情绪特别重要，这样才能避免将来孩子在情绪爆发的时候伤害自己或是伤害别人。

孩子发脾气时，压制和妥协的方法都不管用。孩子可能会因为被训斥而不得不认错和改正，但这会让他们认为攻击可以让弱者屈服，从而专门去欺负比自己弱小的人。讲道理也没有用，再多的道理，情绪失控的孩子也听不进去，反而会让他们更固执。向孩子妥协，会让他们认为发脾气就可以得到一切，进而攻击性会变得更强。

那么，父母该如何通过夸奖让孩子学会控制情绪呢？

👍 专家教你这样夸

当和父母发生矛盾，孩子没发脾气时，这样夸：

541. 刚才没给你买玩具，你没和妈妈大吼大叫，妈妈很欣慰。

542. 关于看电视的问题，你能和我进行协商，真是有进步。

543. 妈妈刚才说话有点激动，你能控制住不生气，妈妈谢谢你。

544. 爸爸批评你，你懂得告诉爸爸"你很难过"，这样做是对的。

545. 妈妈不让你吃零食，你能不吵不闹地提出反对意见，真不错。

546. 有不同意见时，你没有发脾气，而是耐心沟通，值得表扬。

547. 今天没让你出去玩，你能听话地回去写作业，你做得非常好。

548. 我觉得你遇到事情很冷静，这一点很难得。

549. 你能控制自己的脾气，说明你的情绪管理能力很好。

当和朋友发生矛盾，孩子没发脾气时，这样夸：

550. 同学把你的蛋糕都吃光了，你都没发火，你真有涵养。

551. 朋友骂你笨，你却没有骂他，值得表扬。

552. 你能和对方好好说话，把事情解释清楚，真了不起。

553. 别人诬陷你，你只是冷静地为自己辩解，妈妈很佩服你。

554. 意见不统一时，你能主动和同学消除分歧，真是越来越成熟了。

555. 同学有意冒犯你的时候，你也不着急，这不是谁都能做到的。

556. 和朋友有矛盾时，你总能保持冷静，真是难得。

557. 你和同学的相处很和谐，我想是因为你总能控制好情绪。

558. 和朋友在一起时，你总是很有耐心，就算有矛盾你也不会着急，这是成长的表现。

当孩子用正确的方式化解情绪时，这样夸：

559. 你生气时能自己冷静一下，没有乱发脾气，这很好。

560. 看你刚才在院子里跑了两圈，现在看起来平静了不少，这真是一个好办法。

561. 上次教你的深呼吸法，看来你已经学会了，现在感觉是不是好点了？

562. 你是怎么想到用画画来让自己把情绪发泄出去的呢？

563. 听歌真是个让心情好转的好办法，我看你的心情都"阴转晴"了呢。

564. 有了情绪，你用正确的方式化解，不会伤害别人，这样真的很棒。

565. 哭是发泄情绪的方式，一点也不丢人。

566. 你不高兴，想发泄，我能理解，不会怪你的。

3 不懂感恩
——孩子和家人分享好吃的怎么夸

场景再现

如果孩子习惯了索取，习惯了父母的付出，那他就难以养成感恩之心，甚至会变得自私。

草莓刚上市，很贵。妈妈买了一点儿，因为安安很喜欢吃。

妈妈洗好了，安安拿起来就往嘴里送。

妈妈说："给妈妈吃一个呗。"

安安没有说话，用手护着盘子，只顾着自己吃。

🔍 场景解析

儿童在 2 岁的时候逐渐产生了自我意识，会出现"自私"的行为。特别是现在的孩子，大多在家里受到了过度的溺爱，这导致他们认为所有的好东西都是自己的，没有"分享"的概念，更没有感恩之心。再加上在成长过程中，孩子如果没有得到正确的引导，他们就不知道该怎样去分享，也不知道该如何表达感恩。

不懂得感恩的孩子，会给父母增加很多负担。孩子不懂感恩，就无法理解父母的辛苦和不易。为了满足自己的虚荣心，他们会要求父母毫无保留地满足自己，这会加剧父母的负担，而且还会让亲子关系变得脆弱。

不懂得分享的孩子，会在人际交往中遇到困难。这样的孩子往往以自我为中心，只会享受别人的帮助，却在别人有需要时避之不及。他们不会换位思考，更不会关心别人，很难得到别人的好感。

让孩子懂得分享和感恩，除了可以使亲子关系更加和谐外，还能培养孩子的同理心，对孩子的性格塑造也很有帮助。懂分享和感恩的孩子更善良谦和，他们通常也更快乐和轻松，在群体中会更受欢迎。

想要培养孩子的分享意识和感恩之心，父母不应进行强迫，否则会让孩子失去安全感。一味地要求孩子奉献和牺牲，孩子心理上会有匮乏感。只有鼓励孩子主动分享，让孩子体验到感恩的快乐，他们才会成为有温度、有担当的人。

那么，父母该如何通过夸奖让孩子学会分享和感恩呢？

👍 专家教你这样夸

当孩子和父母分享好吃的时，这样夸：

567. 你知道把爱吃的东西分享给妈妈，真是个孝顺的好孩子。

568. 妈妈给你买了薯片，你能分给爸爸和妈妈吃，爸爸妈妈很欣慰。

569. 切下来的第一片西瓜，你能分给爸爸，说明你知道心疼人了。

570. 我以前还担心你只会吃"独食"，现在看来不会，那我就放心啦。

571. 真没想到我们家孩子都会给爸爸妈妈做饭了，厨艺真精湛啊。

572. 妈妈很高兴你能把喜欢的糖分给我吃，这糖真甜。

573. 你给我吃你的话梅，那我也给你吃我的香蕉吧。

574. 谢谢你跟我分享了这么多好吃的零食，我尝到了不同的美味。

575. 妈妈知道你也很关心我，所以才和我一起分享好吃的是不是？

当孩子主动帮助父母干活儿时，这样夸：

576. 地扫得很干净，也拖得很干净，谢谢你帮爸爸干了这么多活儿。

577. 妈妈腿疼，你能主动跑下去把快递拿上楼来，真的是太贴心了。

578. 你休息的时候经常帮我们做家务，爸爸妈妈真为有你这么懂事的女儿而感到高兴。

579. 把衣服洗得这么干净，你一定花了不少力气吧？

580. 过年大扫除，多亏有你，爸爸妈妈才能减轻负担，希望你再接再厉哦。

581. 我们家宝贝真棒，会帮妈妈做家务了。

582. 你不仅把自己的房间收拾干净，还来帮我们干活儿，真勤快。

583. 我要表扬我们家的小小男子汉，你主动做家务，真让我们欣慰。

584. 你把每个角落都扫得很干净，妈妈很感动。

585. 你主动分担家务，小小年纪如此懂事，真是我的骄傲。

当孩子主动照顾父母时，这样夸：

586. 你知道帮爸爸拿拖鞋，爸爸很开心。

587. 妈妈发烧，你能帮她拿药，还给她倒水，真是个孝顺的孩子。

588. 你能和爸爸一起去医院照顾妈妈，有你这样的孩子，妈妈很知足。

589. 我生病的这些日子，你放学后就回来照顾我，真让我感动。

590. 今天妈妈加班，你能记得给妈妈留饭，妈妈特别感动。

591. 爸爸腰疼，你知道帮爸爸按摩，爸爸很欣慰。

592. 看妈妈睡着了，你会给她盖被子，你很会照顾人。

593. 你就是咱们家的小太阳，总是给我们带来温暖和光明。

594. 妈妈觉得你特别有爱心，也很暖心，总是让我们感到温暖。

4 和老人顶嘴
——孩子和爷爷奶奶聊天暖心怎么夸

场景再现

有些孩子不敢和爸爸妈妈顶嘴，就开始"欺负"宠爱自己的爷爷奶奶。

夏天过去了，天气开始变凉了，奶奶拿出外套给小吉。

奶奶："乖孙子，穿上外套吧。"

小吉："不穿！"

奶奶："会感冒的，穿上吧。"

小吉冲奶奶大声嚷嚷："说了不穿就不穿，你怎么这么啰唆？"

🔍 场景解析

　　不懂得尊重老人的孩子，大多在家中都习惯了老人的宠溺。相比父母，老人更容易包容孩子。在孩子的眼里，老人是更加"安全"的家人。面对老人，孩子更容易展示出自己真实的一面。孩子在做出无礼举动时，很少会被有效地制止，也缺乏相应的教育和引导。习惯成自然之后，他们自然会缺乏对老人的敬畏和尊重。

　　孩子对老人发脾气，也有一时情绪失控的原因。可能是因为某些事情，孩子感到不开心，或是觉得没有受到尊重，从而导致情绪爆发，并且用粗暴的态度去跟老人对抗，以表达自己的不满。

　　尊敬和关爱老人是中华民族的传统美德。老人不仅是孩子的长辈，也是他们的亲人，尊重和孝敬他们是孩子应该尽到的义务和责任。孩子如果对自己的长辈都很粗鲁无礼，很容易成长为暴躁任性、为所欲为的人。这样的人很难得到别人的尊重。

　　在父母的眼里，孩子对老人没礼貌，是肯定要教育一番的。不过，破口大骂和拳打脚踢，并不能唤起孩子尊敬老人的心，却会激起孩子的逆反情绪。父母应该鼓励孩子在和老人交流时保持礼貌和耐心，多包容和爱护老人，让他们主动关爱老人。

　　那么，父母该如何通过夸奖培养孩子尊敬老人的好习惯呢？

👍 专家教你这样夸

　　当孩子和老人说话很礼貌时，这样夸：

　　595. 你每次去看外公外婆，都能和他们聊得很愉快，这是孝顺的表现。

596. 奶奶的耳朵背，你每次和她说话都那么有耐心，妈妈很佩服你。

597. 见到爷爷奶奶，你能主动打招呼，这就是对老人的尊重。

598. 奶奶误会了你，你能耐心给奶奶解释，真了不起啊。

599. 外公批评你时，你懂得承认错误后再解释，真是个有礼貌的孩子。

600. 邻居王奶奶一看到我们，就跟我们说你特别尊敬她。

601. 你看见长辈时，会说"请"和"谢谢"，这样做很正确。

602. 每次和长辈说话都很有礼貌，你做得很对。

603. 我很开心看到你这么尊敬爷爷奶奶，我们平时的教导没有白费。

当孩子主动帮助老人时，这样夸：

604. 你能主动把报纸上的内容读给爷爷听，爷爷特别开心。

605. 外婆在厨房做饭时，你帮着她洗菜、择菜，外婆说你是她的小帮手。

606. 在尊老敬老方面，你做得不错，帮爷爷搬花盆一点都不嫌累。

607. 你能陪奶奶去菜市场，还帮她把菜提回来，可省了奶奶不少事。

608. 外公从外面回来满头大汗，你知道给他倒水，真会照顾人啊。

609. 你帮奶奶擦了玻璃，又扫了地，她很开心。

610. 邻居李爷爷的东西掉了，你主动捡起来还给他，你做得很对。

611. 你能主动帮助老人，说明你有一颗善良的心。

612. 你总是愿意帮助老人，说明你很有社会责任感。

613. 妈妈看到你扶着奶奶走路的样子，特别欣慰。

当孩子主动问候和照顾老人时，这样夸：

614. 奶奶生病，你去看她，还祝她早日恢复健康，奶奶的病果然很快就好了。

615. 爷爷感冒，你会主动帮他找药，真是个暖心的孩子。

616. 奶奶过生日，你把零花钱拿出来给奶奶买礼物，奶奶高兴得合不拢嘴。

617. 你经常给外公外婆打电话，有了你，他们的晚年生活很幸福呢。

618. 这次出去旅游，你把外公外婆照顾得很好，爸爸妈妈很感谢你。

619. 奶奶说你是她的小棉袄，对她特别关心。

620. 你的关爱和照顾让奶奶的晚年生活很幸福。

621. 宝贝真懂事，经常帮我照顾外婆，我感到很欣慰。

622. 你经常帮奶奶干活儿，她逢人就夸自己有个好孙女。

5 老大老二抢玩具
——孩子遇事懂得商量怎么夸

场景再现

二孩家庭中，两个孩子常常闹矛盾，动不动就互相告状，一个不肯认输，一个不肯相让，经常为此闹得不可开交。

冬冬本来准备出去和同学踢足球，但下雨了，他只好无聊地待在家里。

弟弟正在地上玩小汽车，冬冬走过去说："给我玩会儿。"

弟弟不给，冬冬就要去抢。

不给，这是我的。

给我玩会儿。

🔍 场景解析

大宝和二宝虽然情同手足、感情深厚，但是因为生活在同一屋檐下，关系密切，所以两个人之间很容易产生矛盾和冲突。他们经常发生的矛盾有以下三种：

第一，抢玩具。玩具对于孩子来说是很重要的东西。大宝和二宝间最典型的矛盾就是争抢玩具。要么是大宝控诉二宝抢走玩具，要么是二宝控诉大宝不给他玩。

第二，抢父母。心理学上有个名词叫"同胞竞争"。孩子都希望父母能够爱自己，大宝和二宝之间也有着竞争关系，两个人可能会暗自较劲。

第三，抢关注。每个人都渴望有存在感，孩子也不例外。大宝和二宝争宠，本质上是在争夺父母对自己的关注度，想要在父母那里刷"存在感"。

大宝和二宝之间的冲突，本质上是和父母的冲突。对大宝来说，在二宝出生前，家庭里所有的爱和资源都是属于他的。可是二宝出生后，他就必须要和另一个孩子分享这一切，势必会产生"被剥夺"的感觉。所以，他们关心的并不是表面的冲突，也不是父母让他们做什么，而是父母爱不爱他，是否支持和重视他。而对二宝来说，他一出生就知道有个哥哥或姐姐，会想办法表现得更好，以争夺父母的爱。

大宝、二宝间的争执，应该由他们自行解决。父母急着劝架，不但不能让他们冷静，反而会让两人间的矛盾加深。父母一味地要求大宝谦让，不仅会让大宝委屈，还会助长二宝飞扬跋扈的性格。

那么，父母该如何通过夸奖鼓励孩子们相亲相爱呢？

👍 专家教你这样夸

当孩子能自己解决矛盾时，这样夸：

623. 你和弟弟玩儿玩具时，能够轮流交换，没有吵架，让妈妈特别省心。

624. 弟弟还小，你懂得体谅他，真是个好孩子，妈妈替弟弟谢谢你。

625. 妹妹不应该抢你的书，不过你能宽容她，不和她争，这是件好事。

626. 你能主动和姐姐道歉，说明你意识到了自己的错误。

627. 你弄坏了哥哥的机器人，会主动说"对不起"，哥哥感觉很开心。

628. 有了矛盾没关系，爸爸相信你们能自己解决。

629. 你们俩这么快就把问题解决了，说明你们沟通能力很好。

630. 你把哥哥惹得不高兴了，会把自己的小汽车送给他，做得真好。

631. 你们能自己商量出解决办法，这非常了不起。

当孩子之间学会互相分享时，这样夸：

632. 妈妈买给你的零食，你主动给姐姐留一份，这代表了你对姐姐的爱。

633. 你和弟弟互相分享自己的玩具，是不是比自己玩更开心了呢？

634. 你把自己喜欢的漫画书分给妹妹看，她特别高兴。

635. 你们兄妹俩能互相分享好吃的和好玩的，爸爸妈妈很放心。

636. 你能把最爱的汽车模型拿出来和哥哥一起玩，你肯定很爱你哥哥。

637. 你妹妹昨天跟我念叨，说你帮她把玩具修好了，她很感谢你。

638. 分享是一种美德，也是一种快乐，你们有没有觉得快乐呢？

639. 你主动把好吃的分享给弟弟，还带弟弟出去玩，这就叫亲情。

640. 你给妹妹分享学到的知识，这是帮助和传授。

当孩子之间学会互相照顾时，这样夸：

641. 哥哥这次考试失利，你能替妈妈安慰他，真是个暖心的好孩子。

642. 你能给妹妹拿衣服，还帮她穿上，真是帮了妈妈的大忙了。

643. 我每天都要照顾弟弟，不过有了你的帮助，我的压力减轻了很多。

644. 哥哥睡着了，你知道帮他盖被子，看来哥哥平时没有白疼你。

645. 妹妹看到姐姐伤心，能帮姐姐擦眼泪，真是个小天使啊。

646. 你总是主动照顾妹妹，妈妈能看出来你很爱她，这就叫亲情。

647. 看到哥哥病了，你能细心地照顾他，爸爸妈妈真感动。

648. 兄弟姐妹之间就要互相照顾，你能懂这个道理真难得。

649. 你总是无私地帮助和照顾弟弟，一点也不计较，真让人敬佩。

6 输不起
——孩子输了没有哭怎么夸

有的孩子在玩游戏和比赛时，只能赢不能输，赢了就欢呼雀跃，输了就垂头丧气，怨声不断，甚至哇哇大哭，撒泼打滚。

振洋和爸爸在下五子棋，第一次爸爸输了，振洋得意扬扬地说："再来一局。"

第二盘，振洋输了，他很不开心地噘着嘴。

爸爸："怎么，输了就不高兴？"

振洋一听，直接把棋盘一推，不肯玩了。

🔍 场景解析

输不起的孩子一般内心比较敏感。无论做什么事情，他们都很在意别人的评价和看法。特别是那些负面的评价，会让他们念念不忘，而那些正面的夸奖和激励，他们却记不住。

输不起的孩子往往比较自卑，他们总觉得自己不如别人。正因为如此，他们不敢尝试，遇到问题习惯性逃避。而且他们过于在乎结果，这会让他们很难从失败的阴影中走出来，很容易自暴自弃。

孩子输不起，和他们的自恋心态有关。孩子越小，越容易觉得自己无所不能。如果孩子没有锻炼的机会，内心也会变得脆弱。当他们发现自己会失败时，他们会感到受挫，变得沮丧，不愿意接受自己失败的事实。

自尊心和好胜心过强的孩子，也容易输不起。自尊心强的孩子对自己的要求很高，他们认为输了的人就是失败者。好胜心强的孩子认为自己比别人优秀，不应该也不能输给别人，否则就觉得很丢脸。

输得起和输不起的孩子，区别在于他们对于输赢和自我价值的看法不同。前者在失败后虽然也会难过，但是他们知道失败只是能力问题，不会放弃努力，逃避挑战。而后者失败之后就会觉得自己是一个没有价值的人，因此他们才会看重输赢。

面对挫折，孩子有负面情绪很正常。父母看到孩子输不起就火冒三丈，对孩子加以指责和批评，甚至打骂，会让孩子觉得更加失败，更加沮丧，也更难恢复正常。

那么，父母该如何通过夸奖让孩子学会接受失败呢？

专家教你这样夸

当孩子坦然接受失败时，这样夸：

650. 没想到你输了以后还很冷静，看来爸爸的担心是多余的了。

651. 堆的积木倒了，你都没哭，真是个坚强的好孩子。

652. 你赢了和输了以后都这么波澜不惊，真是有大将之风啊。

653. 你没有因为数学没考好就哭鼻子，真的很坚强。

654. 你懂得自己调整好心态，不需要妈妈安慰你，真的是长大了。

655. 看到你输了以后情绪这么稳定，妈妈要真心地给你点个赞。

656. 你既然能说出"失败是成功之母"这句话，我就放心了。

657. 虽然你失败了，但是心态调整得很快，这也是勇敢的表现。

658. 虽然没有拿到名次，但你没有中途放弃，你赢了你自己。

当孩子懂得从失败中汲取经验时，这样夸：

659. 你能明白这次比赛失败的原因就很好，希望你继续加油。

660. 自从老师建议你仔细一些，我觉得你最近做题细心多了。

661. 你从比赛中吸取了经验和教训，就离成功越来越近了。

662. 看来爸爸妈妈给你提出的意见，你都听进去了，很棒。

663. 每次考试后你都能分析出需要改正的地方，难怪成绩逐渐提高了。

664. 输赢不重要，重要的是你能够吸取教训，改正过来。

665. 经过这次失败，你有了努力的方向，相信你一定能取得好成绩。

666. 失败不可怕，重要的是你坚持下来了。相信你下次会做得更好！

当孩子失败后继续努力时，这样夸：

667. 期末考试成绩不理想，可你还能继续努力学习，内心真强大啊。

668. 你自从下棋输给小明以后，就一直勤学苦练，棋艺进步不少吧？

669. 你能忍着难过寻找失败的原因，妈妈相信你下次一定能做得更好。

670. 老师说你上次考试失利后，学习认真了很多，他很看好你。

671. 刻苦努力没问题，不过也要注意休息，这样才能坚持到最后。

672. 你的努力我都看在了眼里，我为你感到骄傲。

673. 希望你能加油，再努力拼一拼，我相信你能行。

674. 你的坚持能让梦想更进一步，继续努力吧。

675. 耐心是成功的必要条件，保持耐心，你的努力会有回报的。

第五章

学校情况

——夸出受老师和同学欢迎的孩子

听课分心

——孩子上课认真听讲怎么夸

场景再现

有些孩子上课注意力总是不能集中，不是东张西望、做小动作，就是扭头跟同学讲话。

老师给博文的妈妈打电话反映，博文上课时从座位上站起来乱跑，还去找别的同学聊天。

妈妈气坏了，问他为什么要这么做，他说他只是去捡橡皮。

场景解析

　　孩子无法认真听讲，与他们不知如何听课有关系。父母和孩子说的"上课认真听讲"，孩子只会从字面上理解"认真听讲"的意思，而不知道到底怎样才是认真听讲。

　　那什么才是真正的"认真听讲"呢？眼睛、耳朵和脑子一起跟着老师的讲课节奏走，才是真正的听讲。

　　老师在黑板上写的字和题，都很重要，孩子一定要注意看，弄清楚并且争取全部记住。这样，他们就不会玩手里的文具，不会有小动作，也不容易开小差。老师讲课和布置课堂任务时，孩子还要及时照做，这样才能跟得上老师授课的节奏，不仅能获得很好的听课效果，还能避免他们走神。

　　老师提问时，孩子要举手回答，哪怕不回答问题，也要跟着老师的思路去思考这个问题，试着去解答。遇到不明白的问题时，孩子还要主动举手提问，在老师允许的时候直接问出自己的问题。如果老师示意放下，孩子可以等课程结束后再提问。

　　每次上课之前，父母都会千叮咛万嘱咐，让孩子一定要认真听讲，但孩子却总是置若罔闻。如果父母大加指责，孩子又会很委屈，会更加抗拒认真听课，学习的积极性也会受到影响。

　　父母可以尝试用正向强化的方法改变孩子听课的习惯，比如，关注孩子的上课状态，及时发现孩子好的表现，并给予积极的反馈和奖励。这能让孩子对自己有信心，也能激发他们的积极性，让他们愿意一直保持这种状态。

　　那么，父母该如何通过夸奖培养孩子认真听讲的好习惯呢？

👍 专家教你这样夸

当孩子认真听课时，这样夸：

676. 你今天上课非常认真，爸爸妈妈为你点赞，希望你继续保持。

677. 你上课专注而认真的表现太值得称赞了，真了不起。

678. 老师说你今天上课能跟上节奏，妈妈很为你感到自豪。

679. 你最近听课都挺认真的，值得表扬。

680. 你总能够保持良好的学习态度，对待每一堂课都非常认真。

681. 我很欣赏你认真听课的态度，我小时候都比不上你呢。

682. 老师最近总夸你认真听课，积极举手发言。

683. 难怪你最近的作业做得不错，上课肯定是认真听讲了。

684. 我发现你上课时坐姿特别端正，听得特别聚精会神。

当孩子上课遵守纪律时，这样夸：

685. 你真是一个非常懂事又遵守课堂纪律的小学生。

686. 宝贝现在上课非常有纪律性，已经是同学们的小榜样啦。

687. 宝贝，你真了不起，简直是课堂纪律之星！

688. 你今天在自习课上表现非常好，老师一直在和我夸你守纪律。

689. 遵守纪律不仅是尊重课堂和老师，也是对自己的学习负责。

690. 老师说你在课上的表现真是太出色了。

691. 看，老师的评语说你课堂表现满分，妈妈太为你骄傲了。

692. 你现在对学习很上心，上课时很专注，老师很喜欢你。

693. 你从来不在课堂上做与学习无关的事情，这一点很好。

当孩子积极举手回答问题时，这样夸：

694. 别人不敢举手，你会高高地举手回答老师的问题，你很勇敢。

695. 你总能说出正确答案，如果语速再慢点，别人都能听清楚就更好了。

696. 没有回答正确不要紧，有勇气回答，这非常可贵。

697. 你的表达很清晰、很流畅，真棒！

698. 开动你的小脑筋去想，说错了也没关系。

699. 这次回答不正确没关系，下次争取回答正确就好。

700. 老师对你的印象特别深刻，因为你总是敢于回答问题。

701. 你这学期的进步不小，能积极举手发言就是其中之一。

702. 课堂上发言，你经常是第一个举手，这就叫勇气。

不合群

——孩子开始主动交朋友怎么夸

场景再现

在学校里有的孩子总能呼朋引伴，身边有很多朋友，而有的孩子则显得有些孤僻，总是自己一个人，看起来不太合群。

小光总是独来独往，下课了，别的孩子凑在一起玩，只有他自己一个人躲在角落里。

🔍 场景解析

　　孩子不合群，原因可能来自性格。有的孩子比较内向，沉默寡言，不爱交流。有的孩子怕生，害怕社交，不敢和同龄的孩子交流，显得比较孤僻。有的孩子比较敏感，不太容易信任别人，导致他们变得不太合群。

　　自卑的孩子往往也比较容易不合群。孩子会因为身上的某些缺点，比如肥胖、近视、学习不好等，受到别人的嘲笑和歧视，产生自卑心理，导致总是独来独往。

　　不经常和外界打交道的孩子也容易不合群。他们很少出门和同龄人玩耍、交流，因为没有社交的机会，所以缺乏社交方面的勇气和信心，一旦遇到陌生人就会害怕和紧张。

　　陌生的环境也容易让孩子徘徊在群体之外。孩子刚刚来到一个新的学校和班级，对新环境肯定会感到陌生，会因为缺乏安全感而不愿意和同学、老师交流。

　　每个孩子都有自己的性格，内向的孩子不一定不合群，他们有可能只是喜欢和享受独处。他们并不会因为独处而感到痛苦和焦虑，反而很喜欢独处时的思考和专注。假如孩子因此而主动选择远离群体，只要他们能够正常地表达自己的感受，正常地与人交往，对他们应该给予充分的理解，这样更有利于培养他们的社交自信，让他们找到志同道合的朋友。

　　想培养孩子的人际交往能力，可以给他们多增加一些和外界接触的机会，比如在周末和节假日的时候，可以带孩子去公园、游乐场或是有孩子的亲戚朋友家里，让他们和同龄的孩子接触。

　　父母总想让孩子的性格活泼开朗一些，可是，一味地逼迫孩子主动融入或是埋怨孩子，都不能让孩子更加外向，反而会让他们对社交感到焦虑，变得更加胆小和自卑。当孩子和别人一起玩时，父母要去夸奖他们，让他们体验到主动交朋友的快乐。

那么，父母该如何通过夸奖鼓励孩子主动去交朋友呢？

👍 专家教你这样夸

当孩子和小朋友一起玩时，这样夸：

703. 你愿意主动和小朋友打招呼，迈出了第一步，妈妈给你鼓掌。

704. 你和小朋友玩了一下午，是不是很开心？

705. 你能把喜欢的玩具分享给别的小朋友玩，值得表扬。

706. 你和这个小朋友玩得很好，我想你和别人一定也能玩得很融洽。

707. 你和同桌玩得不错，不如等你生日时邀请他来咱家里，怎么样？

708. 你看那些小朋友都很喜欢你，是不是？

709. 妈妈觉得你一点都不孤僻，你能和大家玩得很好，是不是？

710. 你担心大家不愿意和你一起玩，现在来看你的担心是多余的。

711. 妈妈看到你和小朋友们一起玩，欢声笑语，很温馨。

当孩子交到好朋友时，这样夸：

712. 你的新朋友很有礼貌，和你一样优秀。

713. 你同桌学习很刻苦，你也是受了他的影响，学习很认真吧？

714. 朋友的质量比数量重要，看来你很明白这个道理啊。

715. 你每天都迫不及待地去学校，和同学们在一起肯定很快乐。

716. 恭喜你有个好朋友！好朋友是一辈子的财富，你要好好珍惜。

717. 友谊是珍贵的东西，妈妈羡慕你交到了好朋友。

718. 妈妈相信你和你朋友的友谊一定会天长地久。

719. 你朋友会很庆幸有你这样的朋友，因为你是个善良的孩子。

720. 希望你和你的朋友能一起度过很多快乐的时光。

当孩子在交往中遇到挫折时，这样夸：

721. 每个人身上都有缺点和优点，有缺点并不代表你不好。

722. 你很可爱，他们怎么会不喜欢你呢？只是每个人的表达方式不一样。

723. 被人拒绝很正常，你只要做自己，会有人愿意和你交朋友的。

724. 如果你总是计较别人对你的不好，就会很不开心。

725. 和别人成为朋友需要时间，不要太着急，慢慢来就好。

726. 你相信妈妈，他们不喜欢你，会有别人喜欢你的。

727. 如果你还想和这个同学一起玩，就想想能不能原谅他。

728. 我们永远都是你的后盾，永远支持你。

性格冷漠
——孩子主动帮助同学怎么夸

场景再现

在日常的生活和学习中，有的孩子可能会显得有点冷漠和自私，他们只关注自己的需求和感受，不愿意帮助别人，对所有人都有一种戒备心理。

小珂数学成绩很好，这次又考了满分，她很是得意。

课间，晓月拿着卷子向她请教一道题目，但小珂不愿意给她讲，很不耐烦地拒绝了她。

我讲不了，你去问别人吧。

这道题我没听懂，你能给我讲讲吗？

🔍 场景解析

乐于助人是一种美德，但有的孩子不愿意帮助别人，可能是因为不想浪费自己的时间。比如，有的孩子学习比较好，但是却不愿意帮助其他学习较差的同学。他们会觉得自己的时间很宝贵，给差生讲题会占用他们的时间，自己却没有什么收获。而且，给别人讲题需要很大的耐心，可能讲了好几遍对方也不一定能听懂，会让他们很心累。

孩子不愿意帮助别人，可能与性格有关。有的孩子在家中说一不二，一切都习惯以自我为中心，只知道享受和索取，不知道付出和奉献，长此以往，就很容易变得自私自利，对别人的需求视而不见。

孩子不愿意帮助别人，还可能与个人经历有关。有的孩子曾经很喜欢帮助别人，也付出过很大的时间和精力，但是当他们需要帮助的时候，却没有人愿意帮助他们。这样的孩子很可能从此就拒绝再帮助别人了。

培养孩子乐于助人的品质，对他们来说有很多好处。除了能让他们学会宽容和理解，为别人着想之外，最重要的是能帮助他们建立起良好的人际关系。乐于助人的孩子有善心、有爱心，别人都愿意和他做朋友，他们能得到更多的友情和关心。况且，孩子帮助别人也更容易得到别人的帮助和支持。

不肯帮助同学的孩子，往往缺乏团队合作精神。而父母和老师的批评，会让他们内心产生更大的挫折感，没有办法用积极健康的心态去面对学校的学习和生活。

那么，父母该如何通过夸奖鼓励孩子主动帮助同学呢？

👍 专家教你这样夸

当孩子主动帮助别人时，这样夸：

729. 同学的帽子掉了，你能主动帮他捡起来，值得表扬哦。

730. 朋友身体不舒服，你能照顾他，真是个有爱心的孩子。

731. 同学的笔没墨了，你借给他一支，这真是雪中送炭啊。

732. 下雨时你愿意把自己的伞借给同学，妈妈很为你自豪。

733. 你愿意把自己的压岁钱都捐给生病的同学，爸爸很支持你。

734. 你把自己的跳绳借给同学了吗？没关系，你做得很对。

735. 同学没带水，你把自己的水分给他喝，这是很大的帮助啊。

736. 妈妈没想到你这么喜欢帮助同学，妈妈支持你。

737. 小小年纪就懂得帮助别人，妈妈很佩服你。

当孩子主动给别人讲题时，这样夸：

738. 你这次给别人讲题，下次别人也会愿意给你讲的。

739. 你给别人讲题讲得这么清楚，看来你自己学得就很好。

740. 你能用自己学习的时间帮助同桌，真是个乐于助人的好孩子。

741. 最近你总是和同学们互相讲题，难怪大家的成绩都提高了。

742. 给别人讲题，你自己是不是也能更好地理解这道题了呢？

743. 再难的题，被你一讲，别人就都明白了。

744. 给别人讲完题，相当于你自己复习了一遍，对不对？

745. 帮助别人就是帮助自己，你肯定对此深有体会吧？

746. 难怪同学们都喜欢你，原来是你很喜欢给大家讲题啊。

当孩子耐心听同学倾诉烦恼时，这样夸：

747. 没想到你还能开导别人，看来咱家要出一个"心理专家"了。

748. 同学跟你说了心事，你能坚持为对方保密，你做得很对。

749. 同学有烦恼，你能做个好的听众，他会很感激你的。

750. 你的话让同学不那么郁闷了，你真是个小"暖男"。

751. 有了你的建议，同学应该知道怎么做了，这是很大的帮助。

752. 同学从你这里得到了温暖，一定特别感动。

753. 你这么暖心，我想你一定会有很多好朋友。

754. 你总是把爱和温暖带给大家，真是一个好孩子。

随便拿别人东西
——孩子借东西有礼貌怎么夸

场景再现

有的孩子觉得自己和对方关系好，用对方的东西就不用打招呼，却不知道这是不礼貌的行为。

刘辉正在写字，铅笔芯断了。他想向同桌借一支用，却发现同桌出去了。

于是，他就直接拿了同桌的笔用起来。

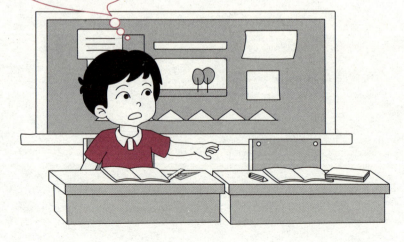

场景解析

　　孩子偷拿同学的东西，背后一定是有原因的。其中一大部分原因，很可能是好奇心作祟。孩子的好奇心很强，别人手里有什么新奇有趣的东西时，他们如果很感兴趣，就有可能直接拿走。

　　孩子的占有欲也会促使他们拿别人东西。和成年人相比，孩子的占有欲更强，看到自己没有的东西就想立刻占有。而且，他们的自控能力很差，即使父母事先有过提醒，占有欲还是会占上风，结果不经允许就会把别人的东西带走。

　　对物权的概念认识不清晰，也会导致孩子把别人的东西带回家。孩子年龄小的时候，只会以自我为中心地看待事物。他们分不清楚自己和别人的东西，也不理解"所有权"和"偷"的概念，不懂得不能擅自动用别人的财物。

　　想要改正这种错误行为，孩子要先树立起正确的认知，知道无论出于何种理由，都不能把别人的东西据为己有。偷窃是一种违法行为，情节严重时会受到严惩。正确的认知还包括用正确的方式去满足自己的需求，孩子要知道，有欲望是一件正常的事情，但是他们应该通过正当的途径去获得想要的东西。

　　孩子还应该明确物品所有权的概念，知道个人的财物属于个人所有，不经过对方的允许，任何人都没有权利使用或借用。孩子能学会区分自我和他人的界限，对于他们将来的人际交往也有很大的帮助。

　　发现孩子偷拿别人东西时，很多父母都会既震惊又生气，但是苦口婆心的劝导可能不起作用，简单直接的打骂也收效甚微。孩子不仅不会长记性，还会引起逆反心理，变得自暴自弃。

　　那么，父母该如何通过夸奖教育孩子不擅自动用别人的财物呢？

专家教你这样夸

当孩子借东西前先征得对方同意时，这样夸：

755. 知道问问同桌的意见再找他借书，你是个有礼貌的好孩子。

756. 你知道不能乱动别人的东西，大家都会喜欢你的。

757. 同学不在，你没有把他的橡皮拿走，你做得很对。

758. 学校规定不能随便拿别人的东西，你遵守规定，妈妈要表扬你。

759. 借东西的时候，你懂得说"请"字，这是很好的习惯。

760. 你借东西时讲礼貌，下次别人还会愿意借给你。

761. 大家都喜欢你这种懂规矩的孩子。

762. 用别人的东西前先征求意见，妈妈觉得你这一点做得很好。

763. 你这么懂规矩，希望你能一直保持下去。

当孩子按时归还同学的东西时，这样夸：

764. 用过同学的蜡笔能及时归还，你的行为值得表扬。

765. 同学看到你能按时把书还给他，他会很开心的。

766. 你能帮同学把书破损的地方粘好再还给他，真的很细心。

767. 你还同学的橡皮时，还记得和人家说"谢谢"，真有礼貌。

768. 你今天按时把铅笔还给同桌，下次他肯定还愿意借给你。

769. 你和同学说好什么时候还，我想你一定会按时还给他的。

770. 按时归还就是一种诚信的表现，你做得很正确。

771. 按时归还体现了你的责任感和守时的好习惯，非常棒。

当孩子愿意把偷拿的东西还给别人时，这样夸：

772. 你愿意把东西还回去，说明你意识到了自己的错误，还是个好孩子。

773. 妈妈知道你不是故意拿别人的东西，你能记住这次教训就好。

774. 你能承认东西是你拿的，这需要很大的勇气，妈妈给你点赞。

775. 你能把东西还回去，还请求对方的原谅，这是很有责任感的行为。

776. 你能主动和同学说"对不起"，你很棒。

777. 妈妈相信你以后不会再这么做了。

778. 改正了错误就是好孩子，妈妈相信你是个好孩子。

779. 你能跟妈妈承认错误，把东西还回去，这就很好了。

5 和同学闹矛盾
——孩子自己解决了冲突怎么夸

孩子之间的友谊虽纯真，却也"易碎"。他们很容易在学校和同学因为一些鸡毛蒜皮的小事情发生矛盾和冲突。

鹏飞把自己很喜欢的一本故事书借给了小涛，没想到小涛不小心弄坏了。

鹏飞既难过又生气，但小涛却满不在乎。

场景解析

孩子和同学发生矛盾和冲突，属于很正常的现象。容易和同学发生矛盾的孩子大多属于以下三种类型：

第一，性格比较顽皮的孩子。他们喜欢惹是生非，和别的孩子在一起时就可能发生冲突。

第二，斤斤计较的孩子。他们可能不太会闹事，但是不会宽容别人，这导致他们容易因为一些琐碎的事情就认为自己被人"欺负"，从而引发矛盾。

第三，比较强势的孩子。有的孩子凡事以自我为中心，在和同学相处过程中不太顾及别人的感受。有的孩子做了班干部以后，在维持秩序的时候方法不当，也容易和同学爆发冲突。

孩子大部分的时间都在学校里，同学间的关系是孩子在人生之初要面对的人际关系之一。其实，孩子们之间自有他们的相处规则。每个孩子其实都很有智慧，遇到问题时，他们会积极地想办法去解决。让孩子自己去解决矛盾，能让他们学会承担责任。他们在冲突和纠纷中获得体验之后，就能增长与人交往的经验，提高自身的社交能力。

孩子之间的矛盾，只要不是太严重，没有造成人身安全事故，可以由他们自己去试着解决。父母在孩子发生矛盾后情绪激动或斥责别人，很可能会激化矛盾，让问题变得复杂。父母的直接插手和过度干预，还会剥夺孩子成长的机会。

那么，父母该如何通过夸奖引导孩子去解决和同学的矛盾呢？

专家教你这样夸

当孩子自己解决了矛盾时，这样夸：

780. 你能主动找同学说清楚情况，两个人达成了谅解，真的是太好了。

781. 你能原谅同学的无心之过，胸怀真宽广啊，妈妈很佩服你。

782. 你能想到怎么解决和同学的矛盾，说明你可以独立处理问题了。

783. 你意识到了自己的错误，并主动去找同学道歉，这一点很值得表扬。

784. 这次冲突被你化解了，我想你以后有了经验就不会再慌乱了。

785. 你以后知道怎么解决矛盾，妈妈就放心了。

786. 妈妈很高兴看到你能和同学重归于好。

787. 我想经过这件事，你和同学的关系会比以前更好。

当孩子懂得自我反思时，这样夸：

788. 和同学吵架，你能反省自己的错误，这说明你懂得自我反思。

789. 你能懂得考虑对方的感受和想法，让我们很欣慰。

790. 你能把起因和经过讲清楚，还能把你们各自的错误分析得那么透彻，真是个有条理的孩子。

791. 和同学发生矛盾，你能保持冷静，现在又能反思自己，真难得。

792. 你把自己的问题都说了出来，相信你以后一定能够改正过来。

793. 你总是能反思自己的问题，这一点我都做不到。

794. 你每经历过一件事情就能得到很大的成长，这和你懂得反思有关。

795. 自我反思的能力非常宝贵，我想你以后能少走很多弯路。

当孩子懂得包容别人时，这样夸：

796. 你能包容朋友的缺点，继续和他做朋友，我为你们感到高兴。

797. 通过这次矛盾，我发现你很懂得包容别人，很会为别人考虑。

798. 包容能让人受到欢迎，难怪你有那么多朋友。

799. 你对别人这么和善，别人也会这样对待你的。

800. 你这么小就懂得换位思考，宽容别人，真是个暖心的孩子。

801. 你的包容和理解非常难得，值得表扬。

802. 你和别人相处时的宽容和理解，会让你成为一个成熟的人。

803. 你选择原谅骂你的同学时，展现出了难得的包容心。

6 不善合作
——孩子和同学共同完成了任务怎么夸

有的孩子在和别的同学一起做事时，不懂得团结合作，常常不欢而散。

值日组三个人，周周负责把前三排的椅子放到桌子上，雨婷负责后三排，小兰负责扫地。

摆放完椅子后，雨婷又拿起抹布去擦黑板，小兰却不愿意扫地。

为什么让我扫地？我不喜欢扫地……

场景解析

孩子缺乏团结合作能力，除了性格孤僻的原因外，更多的是因为他们的自我意识过强，希望别人都能听自己的，不愿意尊重别人的意见，也不愿意听从别人的安排。这样的孩子往往很难有良好的同学关系，自然很难与人合作。

有的孩子缺乏与人沟通交流的能力，不会和其他同学友好地进行协商，也不会正确地表达自己的意见，更不愿意表达内心的真实想法，这样显然无法和别人开展合作。

缺乏合作精神，对孩子有很多负面影响。长期处在自我的环境下，孩子就只会关注自己，和别人的关系会越来越疏远。在和别人沟通交流的过程中，他们没有尊重别人、了解别人想法的意识，很容易被其他人排斥。

不能与人合作，还会使孩子永远局限在自己的旧思想中。他们无法通过与人合作，吸取新的知识和思想，很难得到提升。而且他们经常一个人做事，别人无从知道他们的优势和长处，会丧失很多展示的机会。

从小培养孩子的合作精神，可以让他们懂得尊重、理解和体谅别人，促进他们沟通交流的能力，让他们明白团结的意义，更好地去适应学校和集体生活。但是在培养的过程中，如果父母过分地强迫孩子，干涉他们在团队中的活动，结果只会适得其反。

那么，父母该如何通过夸奖培养孩子的团队协作能力呢？

专家教你这样夸

当孩子和同学一起打扫卫生时，这样夸：

804. 大家一起做卫生，很快就能打扫干净啦。你们合作得多好啊。

805. 你愿意和大家一起打扫教室，不怕脏、不怕累，值得表扬。

806. 你会和同学商量着分工，很了不起哦。

807. 你愿意帮一起值日的女同学多做一些，真的很有奉献精神。

808. 你们几个人一起把教室打扫得这么干净，大家都要感谢你们啊。

809. 教室被打扫得这么干净，得益于你和同学的合作。

810. 和同学一起把教室打扫得这么整洁，是不是很有成就感呢？

811. 你和同学们团结合作，才圆满地完成了任务，让教室变干净了。

当孩子和同学一起参加集体活动时，这样夸：

812. 和大家一起玩跳绳是不是特别开心？一起玩能让快乐加倍哦。

813. 你们在合唱比赛中的表现非常好，这要归功于你们的协调合作。

814. 你和同学们合作得多默契啊，难怪能拿到第一名，恭喜你们啊。

815. 刚才你们表演的小品太好笑了，你们几个人真的是最佳拍档啊。

816. 这次社区活动你们这个小组完成得最好，希望你们继续努力。

817. 妈妈以前都没发现，你居然能和别人配合得这么好。

818. 参加集体活动是不是比你一个人好玩多了？

819. 和大家一起去公园玩是不是特别开心？

当孩子和同学一起完成小组作业时，这样夸：

820. 第一名是你们小组，能给妈妈讲讲你们为什么能做得这么好吗？

821. 你们一起设计的模型多好啊，还是人多力量大啊。

822. 你看，是不是和别的同学合作，更容易解决问题呢？

823. 你和同学都懂得让步，知道完成作业最重要，妈妈很欣慰。

824. 你给了别的同学很好的指导和辅助，难怪老师会让你做组长。

825. 恭喜你们小组作业完成得又好又快。

826. 谁说你不善于合作呢？现在不是和大家配合得很好吗？

827. 你能和同学合作，共同完成老师交给的任务，真了不起。

第六章

爸爸不缺席

——夸出勇于拼搏、敢于挑战的孩子

"躺平"
——唤醒孩子身体里的拼劲儿

孩子逃避学习，写作业时拖拖拉拉，害怕考试，成绩逐渐下滑，频繁请假……遇见这些情况，妈妈通常会非常焦虑，拼命想拉他回正轨，但效果往往并不好。而这时候，理性的爸爸往往比较淡定，反而能把孩子内在的能量激发出来。

宏俊本来成绩很好，却选择在初三辍学。当他得知自己的好朋友考进了最好的高中，感叹说："接下来的三年，有他受的了。"

爸爸赞道："还是你有远见，早早地退出了这个地狱般的'游戏'。"

宏俊不屑地说："我主要是懒。"

爸爸漫不经心地说："没事，让他们'卷'去吧。三年后，他们进'211'，你轻轻松松去上'985'。"

宏俊充满疑惑："怎么可能？"

爸爸一本正经地说："我可没有开玩笑。你想不想听听？"

宏俊的胃口被成功吊起来，睁大双眼期待地看着爸爸。

场景解析

如果孩子选择"躺平"，不愿意去上学，"激将法"并不能让孩子变得积极向上，反而会给孩子增添许多的负能量。孩子会感到羞愧、内疚和恐惧，更不愿意和父母交流，久而久之，他们的心门就彻底关上了。

冷嘲热讽也只会打击孩子的积极性。被最亲近的父母如此贬低，孩子会对自己失去信心，开始怀疑自己的能力和价值，甚至索性选择不再努力、不再上进，对父母的劝说置若罔闻，一味地逃避。谴责和比较的话语，会伤害孩子的自尊心，让孩子认为自己不被爱、不被尊重、不被接受，由此和父母产生对立情绪。如果此时的孩子得不到及时的引导，就会陷入一种恶性循环，越来越"躺平"，越来越消极，甚至有可能走上极端的道路。

其实，孩子"躺平"未必是真的不想奋斗了，只是因为在学习上遇到了困难，或是努力过后没有得到期望的结果，因此内心产生了挫败感，心态变得消极。他们在"躺平"的时候，心里并不舒适，而是会感到迷茫和焦虑。他们的内心也想让自己变得更好，想要上进，只是需要父母的帮助和引导。

父母想要帮助"躺平"的孩子重新站起来，就要从根本上满足孩子的内在需求，给予他们爱、尊重和鼓励，让他们感受到自己是有价值、有能力的。孩子做不到的时候，父母要给他们加油鼓劲，而不是泼孩子的冷水；孩子取得进步的时候，父母要去赞美和鼓励他们，给孩子以肯定，激发孩子的积极性，让孩子摆脱黑暗，走出低谷。

在这一角色的扮演上，爸爸显然比妈妈更合适。因为妈妈比较感性，再加上平时在孩子身上花费的时间和精力比较多，所以就很难接受孩子"躺平"。而父亲相对比较理性，看问题也比较能抓住本质，更容易使用正面反馈来引导和唤醒孩子。

那么，爸爸该如何通过夸奖激励孩子不断进步呢？

专家教你这样夸

当孩子的成绩有进步时，这样夸：

828. 这次考试比上次有进步，我为你感到高兴。

829. 你这次的进步很大，我相信你下次能做得更好。

830. 你这次的成绩有所提高，你觉得是哪些地方做得好呢？

831. 看来你确实是努力了，这是你应得的成果。

832. 你最近在学习上专注多了，所以成绩才会提高。

833. 你能取得这样的好成绩真不简单，进步很大。

834. 我说过你这次考试成绩肯定不错，我说的没错吧？

835. 你的进步值得庆祝，这说明付出就会有回报。

当孩子养成了好的学习习惯时，这样夸：

836. 你认真做作业的样子很帅。

837. 你已经连续一周早起读英语了，我都有点佩服你了。

838. 老师说你最近在课堂上表现很好，爸爸替你感到开心。

839. 你是怎么想到这个解题方法的？我想应该得益于你勤于思考的好习惯，真是太棒啦。

840. 懂得先复习，再预习，看来你提高成绩指日可待。

841. 有了不懂的问题就及时提问，这能帮你攻克很多难点。

842. 多思考，多提问，这些好习惯你是怎么养成的？

843. 你每天背单词、做习题，才得到这么好的成绩，不容易啊。

当孩子有了好的行为习惯时，这样夸：

844. 你能养成规律作息的习惯，这很好。

845. 你这么快就能把自己的房间整理好，真有效率啊。

846. 你能自己起床、自己睡觉，不需要我们催你，真是太好了。

847. 你能把自己每天的时间安排得很充实，爸爸很放心。

848. 遇到了困难，能及时寻求帮助，说明你变得积极主动了。

849. 你现在吃饭很积极，还能把饭吃光，肯定能长高个儿。

850. 爸爸发现你学会规划一天的事情了，这样我就放心了。

851. 你现在养成了很多好习惯，人也变得积极了，真不错。

2 不知道为什么读书
——为孩子的梦想加油

场景再现

在家庭中，妈妈心思比较细腻，关心的是孩子每天的学习和吃喝拉撒。曾有初中孩子拉出写着"我爱学习！学习使我妈妈快乐，妈妈快乐，全家快乐"的横幅。孩子以"为妈妈学习"为目标，会缺乏真正的动力。爸爸，更容易成为孩子梦想的规划师。

爸爸问小智："你有没有想过长大以后要干什么？"

小智说："上北大、清华啊，妈妈说的。"

爸爸转过身，认真地说："上北大、清华那只是过程，不是目的。人生就像射箭，梦想就是靶子，如果找不到靶子，天天拉弓有什么意思？"

小智不解地看着爸爸，爸爸继续说："这个世界上好玩的工作多了去了。"

小智说："我喜欢动漫，想去最好的学校学动漫。可是这么多科目，我该从哪门开始补呢？"

爸爸把小智的课本都掏出来，放在卷尺下，然后指着刻度说："看看，一共12厘米，距离期末考试还有120天，每天学会0.1厘米。儿子，我相信你能做到。"

小智看着爸爸自信的眼睛，觉得内心充满了力量，第一次有了学习的冲动，他现在就要开始今天的0.1厘米。

🔍 场景解析

当孩子喊出"学习使我妈妈快乐"时，说明他们没有把自己当作学习的主人，也没有意识到学习真正的目的。这在孩子当中是比较普遍的现象。孩子之所以会这样，背后的原因就是缺乏学习的动力。

动力可以分为内生动力和外在动力。前者是孩子自身产生的动力，比如孩子主动去学习。后者受孩子所处的外部环境的影响，包括家庭、学校、同伴、社会等方面的压力和鼓励，比如父母要求孩子好好学习。

美国哈佛大学儿童行为与心理学家威廉·詹姆斯发现，内生动力和外在动力就像紧挨在一起生长的两棵大树，当一棵树生长得太过茂盛时，另一棵树就会受到遮挡，因为缺乏足够的阳光雨露而变得毫无生机。

这两种动力此消彼长，而孩子的学习就是一个内外部动力相互作用的过程。外部动力会在一定程度上影响孩子的学习，但它不能持久。内生动力才是孩子学习的根本动力，而它主要来自孩子的兴趣、理想等方面。

当孩子不明白读书的目的时，就由爸爸来当孩子的梦想启蒙老师吧。爸爸的赞赏和肯定，能给孩子最大的动力。

即使孩子的梦想不切实际，也要尊重和支持他们。让孩子相信自己有实现梦想的能力，他们才愿意去为之而努力，从而提高学习和探索的动力。孩子对未来满怀憧憬时，就会燃起斗志，昂扬向上。

那么，爸爸该如何通过夸奖激发孩子为梦想努力奋斗呢？

👍 专家教你这样夸

当孩子的梦想不符合父母的期望时，这样夸：

852. 你想去修理汽车？这个想法很酷哦。

853. 你想做画家？咱家还没有人做过这个，你可以试试看。

854. 你想做职业游戏玩家？可以呀。

855. 你想去摆摊？这个职业是挺自由的，不过想做好也不是很容易哦。

856. 你想做网红？那你想做哪一类网红呢？

857. 你想做演员？这是个不错的理想。

858. 你对计算机感兴趣，想当程序员？爸爸支持你。

859. 你想去养熊猫？好啊，这是个很有趣的工作。

想引导孩子为梦想努力时，这样夸：

860. 想要修理汽车，你要学会物理方面的知识。这学期正好开始物理课，希望你好好学习。

861. 你要是想拍那种幽默搞笑的视频，需要有创意和想象力哦。

862. 演员也要有文化，不然怎么能看得懂剧本，听得懂导演的指导呢？

863. 艺术院校对文化课也是有要求的，你也不能荒废啊。

864. 计算机编程用的都是英语，你想当程序员，可一定要学好英语。

865. 养熊猫，你要了解熊猫的饮食和生活习惯哦。

866. 做画家要掌握基本的技法，你还要多练习才行。

867. 想学跳舞，爸爸可以带你去上培训课，你觉得怎么样？

当孩子的梦想发生变化时，这样夸：

868. 你不想当画家，想当医生了？没关系，只要你喜欢，随时可以改变你的梦想。

869. 你可以不拉小提琴，不过你要先好好读书，将来才能选择自己想做的事情。

870. 你还小，可以多尝试一些东西，我们支持你。

871. 梦想不是一成不变的，但是希望你能为了你的梦想去奋斗。

872. 不管你将来想做什么，爸爸希望你都对自己有信心。

873. 你以后想做什么都可以，但是现在你要先把该做的事情做好。

874. 人的理想会变很正常，只要你一直努力就好。

875. 你不喜欢二胡，想学小提琴？没关系，你可以尝试不同的乐器。

3 不爱动脑筋
——带出思维力强大的孩子

有的孩子不爱动脑筋，在遇到问题后总是不经思考就喊："妈妈，这道题我不会。""妈妈，我的作业本找不到了。"喊得妈妈不胜其烦。在培养孩子动脑思考这方面，爸爸有着天然的优势，因为男人天生更理性和注重逻辑。

小洁又把橡皮弄丢了，一周时间，她已经丢了三块橡皮了。

看着生气的妈妈，小洁埋头翻弄着书包。

爸爸走过来对她说："不要着急去找，我们先来想想橡皮可能丢在哪里。"

然后，爸爸拉着她在桌前坐下，并递给她纸和笔。

小洁想了想说："可能掉在教室的课桌底下了。"

爸爸说："这是第一种可能，记下来吧。"

……

小洁和爸爸一共列出了五个可能丢橡皮的地方，其中包括教室的课桌底下、书包里、桌兜里、同学手里、课本里。

最后，小洁发现橡皮夹在数学课本里。原来，她上完数学课，不小心把橡皮夹在里面收了起来。

场景解析

　　由于男女性别的差异，父亲的参与能很好地弥补妈妈在教育上的不足之处。比如，在家庭中，妈妈常常承担着照看孩子生活的角色，而爸爸则是孩子思维的开拓者。他们可以将孩子的简单思维和单一思维升级为理性思维、逻辑思维。

　　孩子如果缺乏动脑思考的能力，就会"懒得思考"。很多孩子平时在生活中受到百般呵护，很少有亲自动手做事情的机会，动手少，动脑也会少，从而事事依赖父母，思维也变得懒惰，遇到问题只会说"不知道"。

　　另外，现在高科技让生活中的一切都变得很轻松，孩子不用思考就能很快捷地得到丰富的信息，这也减少了孩子动脑筋思考问题的机会，让他们逐渐失去了独立思考的能力。

　　不爱思考会让孩子变得懒惰，遇到问题总是第一时间找父母和别人帮他们解决，慢慢地就会对父母和别人产生依赖心理。将来进入社会后，他们也常常会依赖他人，没有自己的主见。

　　在学习上，懒得动脑的孩子在写作业时往往不太认真，遇到难题的时候，没有人帮助他们，他们就会一筹莫展。失去父母和老师的指导，他们就不知道该怎么安排自己的学习。对于很多事情，他们也都没有好奇心，更丧失了对未知事物进行探索和思考的兴趣。

　　那么，爸爸该如何通过夸奖培养孩子独立思考的能力呢？

👍 专家教你这样夸

当孩子提出有关学习的问题时，这样夸：

876. 敢于提出书本上存在的问题，你很有勇气。

877. 你能问出这个问题，说明你对于这方面的知识很感兴趣。

878. 一个问题里面可能会包含一个重大发现，也许大的学问就藏在里面。

879. 提问是很重要的学习方法，能帮助我们更好地理解知识。

880. 问题是学习的重要组成部分，它能帮助我们思考并探索。

881. 爸爸没想到你这么喜欢数学，提出了这么多好问题。

882. 你觉得书上有错误吗？在哪里？指给爸爸看一看。

883. 爸爸佩服你的思考能力，能想出这些问题，真不简单。

当孩子提出千奇百怪的问题时，这样夸：

884. 喜欢提问，说明你是个求知欲很旺盛的孩子。

885. 既然你提出这个问题，那么你能谈一谈你是怎么想的吗？

886. 虽然你提出的问题比较简单，但是爸爸觉得你的勇气令人佩服。

887. 大海为什么是蓝色的？这个问题提得很好，你真厉害。

888. 能发现这些问题，说明你是个有心的孩子。

889. 我觉得你心里一定是有了与别人不一样的看法，所以才会提问。

890. 你能提出这么多问题，我确实没想到。

891. 这个问题的答案爸爸也不知道，我们可以一起去寻找。

当孩子学会自己寻找答案时，这样夸：

892. 爸爸看你为了找答案，翻了很多书，真是个喜欢探究的孩子。

893. 有了问题懂得自己去思考，你的探索精神很值得表扬啊。

894. 虽然没有找到答案，可是你这种独立思考的精神值得表扬。

895. 你学会了自己找答案，相信以后也能自己解决生活里遇到的难题。

896. 遇到困难时，你能勇敢地去找应对的方法，我们相信你的能力肯定会越来越强。

897. 你聪明的小眼睛告诉我，这个问题你已经想到方法解决了！

898. 你太棒了，用自己想到的办法解决了这个问题！

899. 这个办法太好了，你是怎么想出来的？

900. 能够通过观察去寻找答案，你做得比很多人都要好。

4 没有计划
——培养孩子做自己的时间规划师

每到寒暑假，很多妈妈都提前制订好了"鸡娃"计划，满满的安排，条理分明，孩子却不配合。而神经比较大条的爸爸，更适合激励孩子自己做计划。因为对于自己做的计划，孩子更有执行的动力。

快要放暑假了，兵兵开心得就要飞起来。他明确表示自己不愿意上暑假班，妈妈想要反驳，爸爸示意她少安毋躁。

爸爸："你期待假期很久了吧？"

兵兵用力点头回答道："是啊，终于不用每天早起去上学了。"

爸爸："确实，每天上学好辛苦的。那放假后你有什么打算？"

兵兵："我打算去一趟海边，去年买的泳衣还没穿过呢。"

爸爸："可以，还有什么计划？"

兵兵："我还想和同学去玩剧本杀，约了好几次，都没凑够人数。"

爸爸："嗯，这个也可以。还有什么？"

……

兵兵一口气说了好几个计划，爸爸觉得都挺合理，表示支持。最后，爸爸问他："还有没有别的打算？"

兵兵想了想说："还有学习，我准备先把作业写完，再预习一下下学期的内容。"

......

爸爸让兵兵把计划写在纸上，贴在墙上，兵兵高兴地答应了。

场景解析

在教育孩子方面，爸爸更敢于放手。相信孩子能够做好，给孩子制订计划的主动权，不仅能锻炼孩子的统筹能力，也能帮助孩子变得更自信，更积极，更愿意付出努力去实现自己的目标。

孩子之所以排斥计划，多半是因为那是父母制订的。父母在制订计划时容易无视孩子的意愿。孩子没有任何发言权，对于计划没有参与感，在执行计划时，就会失去动力。

孩子小的时候，迫于父母的权威和惩罚，不得不遵照父母的命令去执行计划，即便心里有不满的情绪，也不敢表达出来。但是，因为不是发自内心地想做，孩子会千方百计地拖延、糊弄、逃避，让计划无法顺利完成。而父母为了让孩子完成计划，就会催促、唠叨、威胁孩子，这又会引起孩子的反感，让计划更难执行下去。

孩子进入青春期后，会越来越寻求独立。父母的安排，在孩子的眼里会成为控制他们的手段，因此他们就更加不愿意接受父母制订的计划了。

想让孩子更顺利地完成学习计划，最好的办法就是让孩子参与到制订计划的过程当中，征求他们的意见。要做一个符合孩子实际情况的计划，而不只是父母认为的好的计划。

那么，爸爸该如何通过夸奖培养孩子制订计划的意识呢？

🔼 专家教你这样夸

当孩子制订了计划时，这样夸：

901. 这是你自己写的计划书吗？真详细。

902. 你这份计划很清晰、很详细、很具体，希望你能顺利完成。

903. 我觉得你的计划很不错，不过我有几点建议，仅供你参考。

904. 看了你的计划，我觉得期中考试提高 20 分还是不难做到的。

905. 这计划一看你就用了心思，如果真能实施，你的学习成绩一定能提高。

906. 你能针对学习的薄弱之处制订计划，做得很好。

907. 你这个计划做得不错，下一步就知道该做什么了。

908. 有了这份计划，相信你能很快达成目标。

909. 爸爸希望你的计划能收到完美的结果。

当孩子懂得调整目标和计划时,这样夸:

910. 你能及时对计划进行调整,我对于你制订的计划更有信心啦。

911. 计划执行以后,你能总结经验教训,并且及时修正,这很好。

912. 你把期中考试的目标成绩提高了,看来你很有自信嘛。

913. 通过调整计划,你离目标越来越近了,我们等你胜利的好消息。

914. 你这份目标和计划的总结写得不错,值得表扬。

915. 你知道随时调整计划,我觉得你的头脑很灵活。

916. 上周你病了,你能对学习计划进行调整,说明你的适应能力很强。

917. 你懂得在困难时调整计划和目标,这种勇气和智慧很难得。

当孩子完成了计划时,这样夸:

918. 每天运动半小时,你已经连续一个月这样做了,真有毅力啊。

919. 计划完成得很好,你真了不起。

920. 通过严格执行这三个月以来的英语学习计划,你的英语成绩提高了不少。

921. 自从你开始执行计划以来,整个人都大变样了,越来越有活力了。

922. 你用行动将目标变成了现实,恭喜你成功啦。

923. 我觉得你是一个既有目标又有能力实现目标的人。

924. 恭喜你终于达成目标,考试成绩提高了 20 分。

925. 希望你以后的每个计划都能像这次的一样圆满成功。

5 不争不抢
——帮孩子建立良性竞争意识

竞争能激发孩子的潜能，促进个人成长。如果孩子非常"佛系"，凡事都不喜欢争抢，总是一副懒懒散散的样子，爸爸就要有意识地培养他的竞争意识。受雄性激素的影响，男人天生就有强烈的胜负欲和竞争心，这种内在的力量，很容易传递给孩子。

学校要举办春季运动会，小静对这些活动一点也不感兴趣。爸爸问她准备参加什么项目，她摇摇头说自己不准备参加。

小静："爸爸，我不想参加，我去看看就好了。"

爸爸："的确，在旁边观看比赛也不错。但我想，参与其中也很有意思吧。"

小静："可是，我没什么擅长的项目。"

爸爸："重在参与嘛。想想看，你在赛场上努力，你的同学在场外给你加油，你一定会很自豪吧？"

小静："是啊，可是……"

爸爸："你是担心自己拿不到名次吗？"

小静："嗯，那多丢人啊。"

爸爸："只要你尽力了，你的同学也一样觉得你很棒。"

小静："那我报 200 米短跑试试吧。"

爸爸:"好啊,现在距离运动会还有两个多星期。爸爸可以每天陪你跑步,帮你提高速度。"

小静:"那太好了,爸爸。"

场景解析

良性的竞争是孩子进步的动力,能够驱使他不断克服困难,追求更高的目标。比如,孩子看到自己这次考试的名次退步了,如果他有竞争意识,就会觉得惭愧,进而努力寻找失利的原因,争取下次考试把名次提高上去。这种好胜心,孩子天生就有,只是强烈程度不同。

有些孩子表现得无欲无求,是因为心理承受能力比较低。他们害怕面对失败和挫折,担心给自己立下的目标,最后没有完成,会让自己和父母失望,所以才会干脆不参加任何竞争。

　　孩子缺乏竞争意识，也和他们不知道竞争的重要性有关。现在的孩子不缺吃穿，除了学习，不需要操心任何事情，他们很容易只满足于当下，没有斗志。

　　对孩子来说，合理的竞争非常重要。孩子可以在合理的竞争中看清自己和别人的优缺点，查缺补漏，取他人之长补自己之短，从而不断地进步。孩子有了进取心，能够给今后的学习增添更大的动力，让他们做任何事情都能保持激情，提高效率。有进取心的孩子，自尊心和自信心也能得到更好的发展。

　　当然，如果孩子好胜心太强，也会带来副作用，比如产生嫉妒心，为了胜利不择手段。

　　那么，爸爸该如何通过夸奖培养孩子合理健康的竞争意识呢？

👍 专家教你这样夸

　　当孩子主动参与竞争时，这样夸：

　　926. 老师说你报名参加了长跑比赛，爸爸没想到你这么勇敢。

　　927. 轻装上阵，不要给自己太大的压力，心无杂念才能做好。

　　928. 爸爸相信你的能力，你一定能取得不错的成绩，加油！

　　929. 这次你报名了数学竞赛，相信你一定对自己很有信心。

　　930. 相信自己，你一定行的。

　　931. 你敢参加演讲比赛，爸爸很佩服你。

　　932. 你的篮球打得那么好，这次比赛一定可以取得名次。

　　933. 孩子别怕，你肯定能行。

　　934. 爸爸期待你在比赛中的精彩表现。

当孩子在竞争中获胜时，这样夸：

935. 我就说你能赢吧，看，果然赢了。

936. 现在有请绘画比赛的冠军来发表讲话。

937. 爸爸看到你冲过终点的那一瞬间，特别激动。我儿子可太棒了！

938. 这次考试挺难的，不过你一点也没打退堂鼓，还取得了不错的成绩，恭喜你！

939. 没想到你能得到这么好的名次，爸爸真是太意外了，这说明你有很大的潜力。

940. 请你给我们讲讲你是怎么得到第一名的。

941. 宝贝，你能得到名次，咱们全家都特别高兴。

942. 你考试进步这么大，今天一定要给你庆祝一下。

当孩子在竞争中失败时，这样夸：

943. 失败不重要，重要的是你敢于参加这次比赛。

944. 你能参加比赛已经是很大的进步了，说明你有上进心。

945. 恭喜你已经是一个勇敢的小男子汉啦。

946. 能够迎难而上，即使没有获胜，我们也为你感到骄傲。

947. 只要尽了最大的努力，你就是我们心里的"无冕英雄"。

948. 只要你继续努力，胜利的大门永远向你敞开。

949. 胜负都不重要，敢于接受挑战就成功了一半。

950. 多多练习，你会画得越来越好的。

6 习惯拖延
——训练孩子强大的执行力

作业总是往后拖，直到很晚才完成；父母交代的力所能及的小任务也从来不会立刻去做。如果孩子执行力差，单单靠催促治标不治本。爸爸虽然不像妈妈那般细腻，但他具备男子气概，具备行事果断、雷厉风行的性格特点，可以给孩子带来积极的影响。

放学后，峰峰对来接他的爸爸说："爸爸，我的同桌说他每天都是班里的第一名，因为他每天早上第一个到班里。"

爸爸说："你不喜欢他这样说？"

峰峰："是的，第一个到班里有什么了不起的，我也能做到。"

爸爸："我觉得你说得对，这个第一名并没有那么难拿到，你想试试吗？"

峰峰："我明天就早起半个小时来学校。"

爸爸："有志气！爸爸支持你。"

🔍 场景解析

有专家将执行能力比作一个繁忙的机场的空中交通控制系统。他们认为一个孩子想要达到目标，获得成功，光有好的想法和计划是不够的，还需要有积极的行动来配合，也就是执行力。

孩子的执行力弱，可能与他们没有明确的计划或目标有关。孩子如果缺乏方向感，不知道自己想要追求什么，那么就很难激发出执行力。

如果某件事情不能引起孩子足够的兴趣，那么他们可能会对这件事情行动力不足。另外，做某件事情时，如果孩子缺乏积极的反馈，也可能会降低他们的行动意愿。

有的父母想让孩子完成某一项任务时，总会催促孩子："快点啊，别让我再说一次。"可是这样的催促往往不会有什么效果。而一旦孩子表现出一点拖延，他们就开始批评和指责，这样通常只能加重孩子的逆反心理，让他们更加排斥父母交予的任务。

有的父母总是会对孩子有各种担心，不相信他们能够自主完成任务，于是就习惯用命令或否定的话语对待孩子，这样会打击孩子的自信心。

如果想要孩子去完成任务或达成目标，不如从现在起将命令式的语气转为鼓励式，唤起孩子的表现欲望，让他们真正有兴趣、有动力主动完成一件事情。孩子"被迫完成"的心理压力减少了，执行力便会逐渐提高。

那么，爸爸该如何通过夸奖培养孩子的执行力呢？

👍 专家教你这样夸

当孩子完成了被分派的任务时，这样夸：

951. 我刚刚说完你就立马完成了，太棒了。

952. 你们老师布置的小任务，你是第一个完成打卡的，很值得表扬哦。

953. 爸爸刚才让你帮忙取个快递，你立刻就去了，谢谢宝贝。

954. 你的效率也太高了吧，让你整理房间，你这么快就完成了。

955. 你每次都及时帮爸爸的忙，爸爸特别感谢你。

956. 宝贝，你的执行力太强了，爸爸都自愧不如。

957. 你做事情总是很快，为宝贝的执行力点赞。

958. 让你做的事情，你总是很快完成，爸爸以后要向你学习。

959. 那么快就把地板擦完了？擦得真干净啊。

当孩子说到做到时，这样夸：

960. 说好每天只玩 30 分钟手机，你说到做到，一点也不拖延，真棒。

961. 我们约定了 1 个小时写完作业，你真的做到了，太有执行力了!

962. 时间一到立刻就行动起来了，你真是执行力超强的好宝宝。

963. 宝贝，你的表现棒极了，已经可以做小朋友们的榜样了。

964. 我真的很欣赏你说到做到的表现，这是很难得的品质。

965. 爸爸看到你有一张计划表，还按照计划学习，真让人佩服。

966. 你说休息 10 分钟再写，能够说到做到，很了不起。

967. 你说的事情总能做到，说明你有超强的执行力，爸爸必须表扬你。

968. 说要自己整理衣服，你就自己整理，爸爸佩服你。

当孩子行动力变强时，这样夸：

969. 今天爸爸回家看到你已经把作业做完了，你现在越来越能够很好地安排自己的学习了，你这执行力不错嘛!

970. 今天你的学习时间长于玩手机的时间，而且玩手机会主动把控好时间，到时间就主动上交手机，你现在的执行力挺强的呀。

971. 宝贝，我发现你的进步很快哦。现在的你很自觉，到时间就开始学习，爸爸太高兴啦。

972. 好样的! 你没有像上次一样，将作业留到假期最后几天再完成，进步很大。

973. 你的执行力令人印象深刻，爸爸对你出色的执行力表示由衷的赞赏哦。

974. 我出去时你还没开始画，我回来时你都画完了，动作真快啊。

975. 我发现你想做的事情总会立刻行动，这是个好习惯。

976. 爸爸很高兴看到你的执行力这么强，你以后肯定任何事情都能做好。

7 学习没动力
——夸出孩子的学习内驱力

场景再现

很多孩子知道学习很重要，可就是缺乏主动学习的意识，无法对学习产生兴趣。父母越是逼迫，孩子越是逆反。这种学习的内驱力，爸爸可以夸出来。

兰兰不喜欢数学，数学成绩一般都在80分左右。这次，她居然考了91分，这让她喜出望外。

爸爸："这次数学进步不小啊！"

兰兰："嗯，我也没想到我能考91分。"

爸爸："你在考前做了不少准备吧？"

兰兰："嗯，也没有特别准备，我就是把老师让复习的题目，都认真做了两遍。"

爸爸："能认真做两遍，说明你确实用心了。怎么样，是不是觉得学数学也没那么难？"

兰兰："嗯，确实，看来我也能学好数学。"

爸爸："当然能，这次的成绩就是最好的证明。只要你愿意，你就能做到！"

兰兰："我会好好学数学的，爸爸。"

场景解析

在激发孩子学习的内驱力方面，爸爸的作用绝对不可忽视。

美国作家丹尼尔·平克曾经写过一本《驱动力》，他在书中提到过，驱动力是人类前进的动力。驱动力可以分为三种：第一种驱动力来自外部，比如父母的鼓励或是训斥；第二种是生物性驱动，它是人类的生存本能，比如吃饭、喝水、睡觉等基本生存需要；第三种驱动力来自内部，是人们内心深处对于达到目标的热情。

学习同样需要驱动力，而且必须是内在的驱动力。当孩子在学习上具备了内驱力，他们自己就会产生想要学习的欲望，从而主动地去学习，不需要父母逼迫或是操心。在内驱力的驱使下，孩子努力学习的状态就会被激发出来。

　　相对于妈妈，爸爸更敢于放手。在学习上，给孩子自主权，要比干预和控制孩子，更能让孩子产生自主、自觉的意识。同时，父母的鼓励和肯定也能帮助孩子建立自信心，促使他们对学习产生更大的兴趣。

　　那么，爸爸该如何通过夸奖激发孩子的学习内驱力呢？

👍 专家教你这样夸

当孩子的强势科目考好了时，这样夸：

977. 作文很难得满分，你居然得了满分，老师肯定已经表扬过你了吧？

978. 你的英语一向学得不错，但是这次能得 100 分，也挺让我出乎意料的。

979. 听说你们班上数学得 100 分的只有 3 个人，没想到我闺女就是其中之一啊。

980. 你的语文成绩一直名列前茅，爸爸从来不担心。

981. 每次考数学，爸爸连看不都不用看，肯定是你考得最好。

982. 我一点都不惊讶你的历史会得高分，毕竟那么多书不是白看的。

983. 看来你没少研究生物啊，以后想做生物学家吗？

984. 没想到你的数学这么好，爸爸低估你了啊。

当孩子的弱势科目考好了时，这样夸：

985. 本来我还担心你的数学成绩不好，现在看来我的担心是多余的。

986. 老师夸你这次的作文比往常写得好，有真情实感，用词也不错。

987. 通过那么长时间的努力，你的英语成绩终于有了提高，爸爸要向你表示祝贺。

988. 你每天早起背单词、读课文，这次英语成绩终于提高了 10 分，真了不起。

989. 恭喜你终于摘掉了数学不及格的帽子，以后成绩肯定会越来越好的。

990. 你这次考试成绩比上次提高了一些，已经很好了。

991. 看来你以后就没有考得不好的科目了，那我就放心啦。

992. 你的英语成绩有所提高，爸爸要给你庆祝一下。

当孩子在排名上有进步时，这样夸：

993. 爸爸记得你上次排名还是中等，这次居然进了前十名，真是可喜可贺。

994. 你能从班级的后十名进入中间位置，说明你付出了很多努力。

995. 本来你一直在第十名左右徘徊，我觉得你能保持住就好，没想到你这次考了第五名，让我很惊喜。

996. 你这次的排名比上次提高了，老师一个劲儿地夸你有进步，爸爸也为你感到骄傲。

997. 你的排名已经进入前二十啦，距离前十指日可待。

998. 排名前进了一名也是一种进步，值得祝贺。

999. 爸爸觉得你的名次还能提升，加油！

1000. 你的排名有进步，是因为你的努力，你要感谢自己。